Das römische Grenzkastell Abusina-Eining

W0223873

◁ Kastelle am rätischen Limes. Etwas unterhalb von Eining erreicht die Limesmauer die Donau. Von hier ab flußabwärts bildete der Strom die Nordgrenze des Römerreiches (nach D. Baatz)

Führer zu archäologischen Denkmälern in Bayern

Niederbayern
Band 1

Das römische Grenzkastell Abusina-Eining

von

Thomas Fischer und Konrad Spindler

Konrad Theiss Verlag Stuttgart

Herausgegeben vom Bayerischen Landesamt für Denkmalpflege
und der Prähistorischen Staatssammlung, München

Gedruckt mit Unterstützung des Freistaates Bayern,
des Bezirks Niederbayern, des Landkreises Kelheim
und der Stadt Neustadt a. D.

CIP-Kurztitelaufnahme der Deutschen Bibliothek

Fischer, Thomas:

Das römische Grenzkastell Abusina-Eining / von Thomas Fischer
u. Konrad Spindler. [Hrsg. vom Bayer. Landesamt für Denkmalpflege
u. d. Prähistor. Staatssammlung, München]. – Stuttgart: Theiss, 1984.
(Führer zu archäologischen Denkmälern in Bayern:
Niederbayern; 1)
ISBN 3-8062-0390-3
NE: Spindler, Konrad: Führer zu archäologischen Denkmälern
in Bayern / Niederbayern

© Konrad Theiss Verlag GmbH, Stuttgart 1984
Alle Rechte vorbehalten
Satz und Druck: Gulde-Druck GmbH, Tübingen
Printed in Germany
ISBN 3 8062 0390 3

Geleitwort

Das Kastell Eining gehört zu den wenigen Denkmälern aus unserer Frühgeschichte, das dem Besucher einen anschaulichen Eindruck von der fast ein halbes Jahrtausend währenden Zugehörigkeit Bayerns zum römischen Weltreich und der militärischen Präsenz Roms in Bayern bieten kann. Gleichwohl mangelte seit langem ein handlicher Führer, der über den Stand der wissenschaftlichen Forschung unterrichtet, die in Eining bereits auf eine mehr als hundertjährige Tradition zurückgeht. Seit ihrer Gründung bemühte sich die Prähistorische Staatssammlung, die systematische Ausgrabung wie auch die Erfassung von Zufallsfunden von Eining in besonderer Weise zu fördern. Es gelang, nicht nur den wohl bedeutendsten Komplex – den berühmten Sammelfund von Paraderüstungsteilen –, sondern auch zahlreiche weitere wichtige Fundgruppen für das Museum zu sichern. So war es selbstverständlich, das Entstehen des vorliegenden Führers nach Kräften zu unterstützen und an dessen Herausgabe mitzuwirken.

Ein solcher Führer verdient um so mehr Aufmerksamkeit, als die wissenschaftliche Auswertung der Ausgrabungsfunde und des mittlerweile gewaltigen Fundstoffes noch immer der zusammenfassenden Darstellung harrt. Die Literatur über das römische *Abusina* ist in über hundert teils wissenschaftlichen, teils populären Aufsätzen und Sammelwerken ausgebreitet, so daß Laie und Fachmann Mühe haben, einen Überblick zu gewinnen. Als nachteilig wirkte sich aus, daß Eining seinerzeit nicht in das Forschungsprogramm der Reichslimeskommission und damit in die Publikationsreihe »Der obergermanisch-raetische Limes des Römerreichs« (1894–1937) aufgenommen worden war.

Hier gilt es zweier hervorragender Gelehrter zu gedenken, die die Forschungen und Studien über das Kastell Eining wesentlich gefördert haben, aber beide eine Veröffentlichung ihrer Studien nicht mehr erleben durften. Es waren dies die Professoren Paul Reinecke (1872–1958) und Aladár Radnóti (1913–1972), denen dieser Führer in Erinnerung an ihr großes Engagement um die bayerische Römerforschung zugeeignet sein soll.

Die Verfasser, Thomas Fischer und Konrad Spindler, haben beide größere Rettungsgrabungen am Kastell Eining durchgeführt (1979 und 1982), so daß sie die geeigneten Autoren für die Erarbeitung eines solchen Führers waren. Allen Beteiligten und Förderern danken wir herzlich für ihre Hilfe. Nicht zuletzt gebührt dem Konrad Theiss Verlag in Stuttgart für den gelungenen Druck und die sorgfältige Ausstattung des Büchleins gebührende Anerkennung. Sicherlich wird der lang erwartete Führer zum Römerkastell Eining-*Abusina* eine freundliche Aufnahme in der interessierten Öffentlichkeit finden und damit zum Verständnis unserer Römerzeit und unserer Bodenfunde beitragen.

München, im Mai 1984 Hans-Jörg Kellner

Vorwort

Das vorliegende Büchlein ist nicht der erste Führer, der über das Römerkastell Eining erscheint. Bereits kurz nach Beginn der Ausgrabungen legte Wolfgang Schreiner, Heimatforscher und Pfarrer in Abensberg, 1887 ein Heft mit dem Titel »Eining und die dortigen Römer-Ausgrabungen – Ein kleiner Wegweiser durch dieselben« vor, nachdem er schon 1882 und 1884 in den »Verhandlungen des Historischen Vereins für Niederbayern« über die von ihm geleiteten Untersuchungen berichtet hatte. Der rege Zuspruch, den diese Broschüre – heute eine bibliophile Rarität – fand, machte im Jahre 1896 eine zweite, erheblich erweiterte und verbesserte Neuauflage erforderlich.

Der überaus große Widerhall, den die Ausgrabungen in Eining im vergangenen Jahrhundert seitens der Öffentlichkeit erfuhren, ist um so erstaunlicher, wenn man die damaligen Verkehrsverhältnisse berücksichtigt. Die Ruinenstätte lag weitab von den Eisenbahnhöfen, und Automobile gab es ja noch nicht. So war ein stundenlanger Fußmarsch unumgänglich, und nur die vornehmen Besucher leisteten sich eine Pferdedroschke. Gerade die Forschungen in Eining erregten wegen der außergewöhnlich guten Erhaltung der römischen Überreste lebhaftes Interesse in weitesten Kreisen. Man sprach sogar überschwenglich und ganz im Sinne nationaler Begeisterung von einem »deutschen Pompeji«.

Nachdem Pfarrer Schreiner an die Würzburger Diözese versetzt worden war, übernahm der bekannte Limesforscher, Generalmajor a. D. Karl Popp, die Fortführung der Untersuchungen in Eining. Auch er kam der Nachfrage des Publikums 1903 mit einem »Neuen Führer durch die Ausgrabungen bei Eining« entgegen. Dieser Wegweiser war nach wenigen Jahren vergriffen.

Nach Popps Tod (1905) wurde Wolfgang Maria Schmid als »Spezialkommissär« vom Nationalmuseum in München nach Eining abgesandt. Sein Führer »Das römische Kastell Abusina bei Eining an der Donau« erlebte noch im Erscheinungsjahr 1910 eine zweite Auflage.

Mit dem Ende der Grabungen im Jahre 1920 flachte – nicht zuletzt bedingt durch die wirtschaftliche Rezession während der Weimarer Republik – das Interesse zwar etwas ab, gleichwohl verfaßte Franz Daffner einen neuen Wegweiser, der 1930 erschien: »Geschichte und Beschreibung des Römerkastells Eining an der Donau, Niederbayern – Ein Führer durch die Ausgrabungen«. Obschon alsbald wiederum vergriffen, blieb diese Broschüre für lange

Jahrzehnte die letzte populärwissenschaftliche Veröffentlichung über die Ausgrabungsstätte. In der Zeit des Dritten Reiches galt Römerforschung als suspekt.

Nach dem Zweiten Weltkrieg mußten die arg verwilderten Überreste zunächst neu hergerichtet werden. Da die Bevölkerung das Holz der Schutzdächer verheizt hatte, waren die allen Witterungseinflüssen ausgesetzten, mehr und mehr verfallenden Mauerzüge wieder zu konservieren, eine Aufgabe, die der 1949 nach Regensburg berufene Archäologe Armin Stroh trotz dürftigster finanzieller Mittel vorbildlich löste. Allmählich trafen auch die ersten Besucherscharen wieder ein, die vorerst noch vergeblich nach einem Führer fragten. So entschloß sich der »Historische Verein für Niederbayern« einen knappen, aber alles Wesentliche enthaltenden Aufsatz von Paul Reinekke 1957 als Faltblatt herauszugeben.

Seit Paul Reinecke im Jahre 1908 das Vorgeschichtsreferat am neugegründeten »Generalkonservatorium der Kunstdenkmale und Altertümer Bayerns« leitete, waren ihm die Ausgrabungen und Forschungen in Eining ein besonderes Anliegen. Er beaufsichtigte die Untersuchungen bis 1920 und publizierte nicht weniger als zwölf grundlegende Arbeiten über die römischen Stationen von Eining. Bei seinem Tod (1958) hinterließ er ein 271 Seiten starkes Manuskript über das Kastell Eining, das wegen widriger Umstände leider ungedruckt blieb. Seine profunde Kenntnis vor- und frühgeschichtlicher Kulturphänomene kommt darin in überreicher Fülle zum Ausdruck. Späteren Versuchen, diesen wissenschaftlichen Nachlaß für eine Veröffentlichung vorzubereiten, blieb bislang der Erfolg versagt.

Vor diesem Hintergrund fühlten wir uns nachgerade verpflichtet, den zahlreichen und nachdrücklichen Wünschen auf eine allgemeinverständliche Darstellung des gegenwärtigen Forschungsstandes zum Römerkastell Eining entgegenzukommen.

Thomas Fischer | Konrad Spindler

Inhalt

Einleitung

Das kleine, unlängst nach Neustadt an der Donau im Landkreis Kelheim eingemeindete niederbayerische Dorf Eining besitzt auf seiner Gemarkung eine Fülle römischer Überreste. Nur der geringste Teil davon ist obertägig sichtbar gemacht, das meiste verbirgt sich noch im Boden. Im wesentlichen handelt es sich um drei Komplexe:

An erster Stelle ist das mittelkaiserzeitliche *Auxiliarkastell* zu nennen, das sich südlich des Ortes unmittelbar am Rande des rechten Steilufers über der Donauaue erstreckt. Die Spätantike sieht in die Südwestecke des älteren Lagers ein stark befestigtes Kleinkastell eingebaut. Die Ruinen dieser römischen Kasernen wurden zwischen 1879 und 1920 zu Teilen ergraben. Insbesondere legte man die Umfassungsmauern und mehrere Steingebäude frei. Zugleich galten die Bemühungen schon während der Grabungen einer Konservierung der Mauerzüge, um den bereits damals zahlreich eintreffenden Besuchern die antiken Stätten eindrucksvoll vorführen zu können. Überdies erwarb man die betreffenden Grundstücke für den bayerischen Staat, so daß sich heute die Anlage als gepflegter archäologischer Park mit Kiosk präsentiert.

Es gibt freilich zweierlei zu berücksichtigen: Was der Betrachter sieht, sind nicht originale Bauelemente, sondern über denselben modern aufgezogene Mauern; die römischen Mauerstümpfe waren zu verfallen, als daß man sie hätte dauernd erhalten können. Und noch ein weiteres ist zu bedenken: Die Römer hielten den Platz rund 350 Jahre (von etwa 80 n. Chr. bis in das 5. Jh. n. Chr.) besetzt. In dieser langen Zeit geriet die Militärstation mehrfach durch germanische Überfälle erheblich in Mitleidenschaft. Die Umwehrungen wie auch die Innenbebauung und die umgebende Zivilsiedlung mit den öffentlichen Bauten wurden immer wieder repariert, erneuert und im Baukonzept teils entscheidend verändert. Man sieht also nicht die Spuren *einer* bestimmten Bauphase sondern den Verlauf von Wehranlagen und Gebäudemauern, die zu ganz unterschiedlichen Zeiten in Benutzung waren. Überwiegend handelt es sich bei dem konservierten Baubestand um Architekturteile aus der Spätzeit des mittelkaiserzeitlichen Lagers sowie um spätantike Reste. So waren beispielsweise die beiden großen öffentlichen Gebäude vor der Nordfront des Lagers schon längst unter den Alamannenstürmen des 3. Jahrhunderts in Schutt und Asche gesunken, als das spätrömische Kleinkastell in der Südwestecke noch gar nicht eingerichtet war.

Das zweite Eininger *Römerlager* befindet sich nördlich des Dorfes in der Flur »Unterfeld«. Es ist ungleich größer als das Auxiliarkastell im Süden, erreicht aber nicht den Umfang eines Legionslagers. Von ihm sind heute nur noch Reste der einstigen Befestigungsgräben im Gelände sichtbar. Lange in seiner Zeitstellung und Bedeutung umstritten, kann nun mit einiger Gewißheit gesagt werden, daß es ausgewählte Truppenkontingente der 3. Italischen Legion kurzfristig beherbergte und vor allem während der Markomannenunruhen in den 170er Jahren n. Chr. eine gewichtige Rolle in der römischen Kriegspolitik spielte.

Als dritte Station ist das auf dem 402m hohen Weinberg etwa 1,5 km nordöstlich von Eining gelegene *Mars-Victoria-Heiligtum* zu erwähnen. Es wurde 1917/18 von Paul Reinecke erforscht. Da die Grabungsstelle nach Beendigung der Untersuchungen wiedereingefüllt wurde, sind heute nur noch die Schutthaufen der Ruinenstätte am Waldrand zu erkennen. Von hier aus hat man nicht nur Sichtverbindung zu den beiden Eininger Militärlagern im Südwesten. Man überschaut auch weithin den Lauf des Stromes. Nach Norden schweift der Blick bis an die ehemalige Limesmauer mit ihren Wachttürmen, deren Endpunkt am linken – westlichen – Donauufer durch die 1861 unter König Max II. von Bayern gesetzte »Hadrianssäule« gekennzeichnet ist.

Lage

Eining ist nicht zu verfehlen. Von Regensburg aus erreicht man es über Kelheim und Weltenburg auf der Landstraße in Richtung Neustadt an der Donau. Auf der Autobahn München–Nürnberg (A 9) wählt man am besten – von Süden kommend – am Dreieck Holledau die A 90 in Richtung Regensburg bzw. von Norden her die Ausfahrt Denkendorf in Richtung Landshut. Zielpunkt ist immer Neustadt an der Donau oder Abensberg, von denen jeweils Landstraßen nach Eining führen. Hinweisschilder mit der Aufschrift »Römerkastell Eining« lassen mühelos zur Ruinenstätte finden.

Für den Besucher, der nur wenig Zeit mitbringt, empfiehlt sich zuvorderst die Besichtigung des archäologischen Parks mit den konservierten Ruinen südlich von Eining. Wer mit Muße die römische Topographie von Eining kennenlernen und tiefer in die Geschichte dieses einzigartigen Grenzabschnitts des Imperiums eindringen will, sollte unbedingt, wenn er von Regensburg kommt, zunächst das Heiligtum auf dem Weinberg, dann die große Verschanzung im Unterfeld und zuletzt das »Römerkastell« aufsuchen (vgl. zum folgenden die Karte auf der Innenseite des Rückendeckels).

Es lohnt sich auch, in Eining mit der Autofähre über die Donau zu setzen.

2,5 km nördlich von Hienheim in Richtung Essing/Kelheim stößt man dann an das Ende der *Limesmauer*, die dort als eindrucksvoller Schuttwall schnurgerade durch Feld und Wald nach Westen zieht. An dieser Stelle erhebt sich eine moderne *Holzturmrekonstruktion*, die zwar nur wenig Ähnlichkeit mit einem römischen Wachtturm besitzt, von der man aber – wie von ihrem antiken Vorgänger – einen weiten Blick ins Donautal und hinüber zum Weinberg wie nach Eining hat.

Auf der Weiterfahrt von Eining nach Südwesten läßt sich die Besichtigung der gleichfalls konservierten römischen *Schwefelthermen* unter der Kirche in Bad Gögging anschließen. Der Reisende, der Eining von Neustadt an der Donau her anfährt, besucht die genannten Denkmäler zweckmäßig in der umgekehrten Reihenfolge.

Zufahrt

Die nur als Erd- und Steinhaufen kenntlichen Trümmer des *Mars-Victoria-Heiligtums* auf dem Weinberg erreicht man auf einem Feldweg, der 1200 m nordöstlich von Eining die Landstraße in ostsüdöstlicher Richtung verläßt. Nach 250 m biegt man an der Weggabel nach Nordosten ab, wo nach weiteren 300 m die Ruinen am Waldrand liegen. Hier bestechen nicht so sehr die römischen Überreste selbst als vielmehr der weite Rundblick über die reizvolle Landschaft, der zugleich die sorgfältige und zweckbestimmte Platzwahl durch die Römer verrät.

Auf der Weiterfahrt in Richtung Eining fährt man gleich vor den ersten Häusern des Ortes mitten durch das *Römerlager* im Unterfeld hindurch. Die Front der rechteckigen, ca. 11 ha großen Verschanzung öffnet sich nach Nordwesten zur Donau hin. Nur der Nordostgraben ist als seichte Mulde heute noch östlich der Landstraße an einem mit Bäumen bepflanzten Ödlandstreifen gut kenntlich. Die übrige Ausdehnung der Befestigung zeichnet sich dem kundigen Auge lediglich am Verlauf der Grundstücksgrenzen ab (Abb. 27).

Die Hauptattraktion, das *Römerkastell*, liegt 500 m südlich der Kirche von Eining unmittelbar westlich der Landstraße nach Neustadt an der Donau und ist mit Hinweistafeln ausgeschildert.

Hinweise für den Besucher

Der eingezäunte archäologische Park mit dem »Römerkastell« und den ebenfalls konservierten Gebäudegrundrissen vor der Nordfront ist ganzjährig geöffnet. Außerhalb der Saison ruft eine Klingel am Tor die Kastellwärterin (Frau Ecker, Eining) herbei. Vor kurzem wurde ein geräumiger Parkplatz (auch für Großbusse) eingerichtet. Am Kiosk gibt es Broschüren und Postkarten zu kaufen. Dort befinden sich auch einige Schauvitrinen mit Originalfunden von den Ausgrabungen. Auf Wunsch werden für Besuchergruppen Führungen durch das Kastellgelände veranstaltet. Fotografieren ist erlaubt.

Die Funde aus Eining sind in folgenden Museen zu besichtigen:

Archäologisches Museum der Stadt Kelheim
im spätgotischen Herzogskasten
8420 Kelheim, Lederergasse 11; Tel. (0 94 41) 30 17 72/73

Prähistorische Staatssammlung München
Museum für Vor- und Frühgeschichte
8000 München, Lerchenfeldstraße 2; Tel. (089) 29 39 11

Stadt- und Kreismuseum Landshut
Stadtresidenz
8300 Landshut, Altstadt Nr. 79; Tel. (08 71) 8 82 18

Aventinus-Museum Abensberg
im Kreuzgang des Karmelitenklosters
8423 Abensberg, Karmelitenplatz 5; Tel. (0 94 43) 321

Forschungsgeschichte

Eining darf die Ehre für sich beanspruchen, bereits die Beachtung der großen Humanisten zu Beginn des 16. Jahrhunderts auf sich gezogen zu haben. Aventin, der Vater der bayerischen Geschichtsschreibung und in dem benachbarten Abensberg gebürtig, fand hier den berühmten »Caracalla-Altar« (Abb. 6), der seitdem über 400 Jahre, als seltenes Zeugnis eines Besuchs des römischen Kaisers am rätischen Limes und vielleicht auch in Eining selbst, gewissenhaft verwahrt, im letzten Weltkrieg unwiederbringlich verlorenging.

Als nächster fand Apian im Jahre 1534 einen Inschriftenstein in Eining, nämlich das Grabdenkmal des Julius Dubitatus, der im hohen Alter von 70 Jahren daselbst starb. Auch dieser Stein ist längst verschollen.

Leider gewann die so hoffnungsvoll begonnene Forschung in den folgenden Jahrhunderten kaum Nachahmer. Zwar war das Ruinenfeld bekannt, man hielt es aber für einen alten Burgstall, den Sitz eines längst untergegangenen mittelalterlichen Adelsgeschlechtes. Nur die Bauern holten sich hin und wieder Steine für den Häuserbau, und mancher Quader der romanischen Kirche St. Sebastian zu Eining ist von römischen Steinmetzen behauen. Noch im 19. Jahrhundert wanderten gelegentlich geborgene Römermünzen

Abb. 1 Blick auf die Ausgrabungsstätte im Jahre 1882. Im Vordergrund die freigelegten Ruinen der jüngeren Thermen vor der Nordfront des Kastells. Im Hintergrund das Dorf Eining an der Donau (nach W. Schreiner; Zeichnung J. A. Schilling)

in den Klingelbeutel. Nur vage wurde von der historisch-antiquarischen Forschung des 18. und 19. Jahrhunderts die »Burg« von Eining manchmal als römisches Grenzkastell angesprochen.

Es bleibt das unbestreitbare Verdienst des kurz zuvor nach Eining und später nach Abensberg versetzten Pfarrers Wolfgang Schreiner, im Jahre 1879 die Ausgrabungen auf dem Kastellgelände – zunächst drei Jahre lang auf eigene Kosten! – initiiert zu haben. Er beginnt seinen ersten Bericht mit den Worten: »Die Besitzer der am Wege von Eining nach Gögging und Neustadt a/D. zur Rechten und Linken weit um die sogenannte Eininger Burg herum gelegenen Grundstücke beklagen sich vielfach über sogenannte ›Hitzestreifen‹ in ihren Feldern. ›In trockener, heißer Sommerzeit falle ihnen in langen Strichen im Gevierte, die wie der Grundriß von Gebäuden aussähen, das Getreide um‹« (Schreiner 1882; zu den Literaturhinweisen vgl. das Verzeichnis auf S. 103ff.).

Nur nebenbei sei bemerkt, daß dies die gleichen Trockenstreifen sind, dank derer wir heute mittels Luftbildern die Steinbauten römischer Siedlungen fast plangerecht erschließen können (Abb. 22, 28).

Schreiner leitete, nun auch mit öffentlichen Geldern versehen, die Ausgrabungen, bis er 1898 an das Domkapitel nach Würzburg berufen wurde. Von 1879 bis 1883 legte er zunächst das große Badegebäude vor der Nordfront des Lagers in der Flur Falterbreite frei (Abb. 1, 2) und ließ es konservieren. Dabei kamen auch zahlreiche menschliche Skelette zum Vorschein, die zum spätantiken Gräberfeld gehören. Zugleich begann man in der Südwestecke des Lagers, dem spätrömischen Kleinkastell, das durch einen beachtlichen Ruinenhügel auffiel, zu schürfen.

Als Schreiner 1886 als Stadtpfarrer nach Abensberg abberufen wurde, übernahm der Eininger Lehrer Josef von Sellmaier die tägliche Aufsicht der Grabungs- und Restaurierungsarbeiten. Damals wurden das sogenannte »Veteranenhaus« neben den Thermen und das gegenüberliegende Rasthaus sowie die Umfassungsmauer und einige Innenbauten des Kleinkastells untersucht. Diese Forschungen waren bis 1888 abgeschlossen. Zwischen 1888 und 1898 grub man dann vor allem an den Außenmauern und den Toren des Auxiliarkastells. Zugleich legte man mehrere Steingebäude im Innern des Hilfstruppenlagers frei.

In jenen Jahren bewegte unter anderem die Frage nach der örtlichen Bestimmung der Eininger Wehranlage in der antiken Geographie die Gemüter. Schreiner zögerte in dieser Hinsicht und ließ sich auf das Problem nicht ein. Erst Friedrich Ohlenschlager, klassischer Philologe in München, setzte sich 1883 nachdrücklich für die Gleichsetzung mit dem urkundlich überlieferten *Abusina* ein.

Drei antike Quellen nennen den Ort: Als ABVSINA, AVSINA und

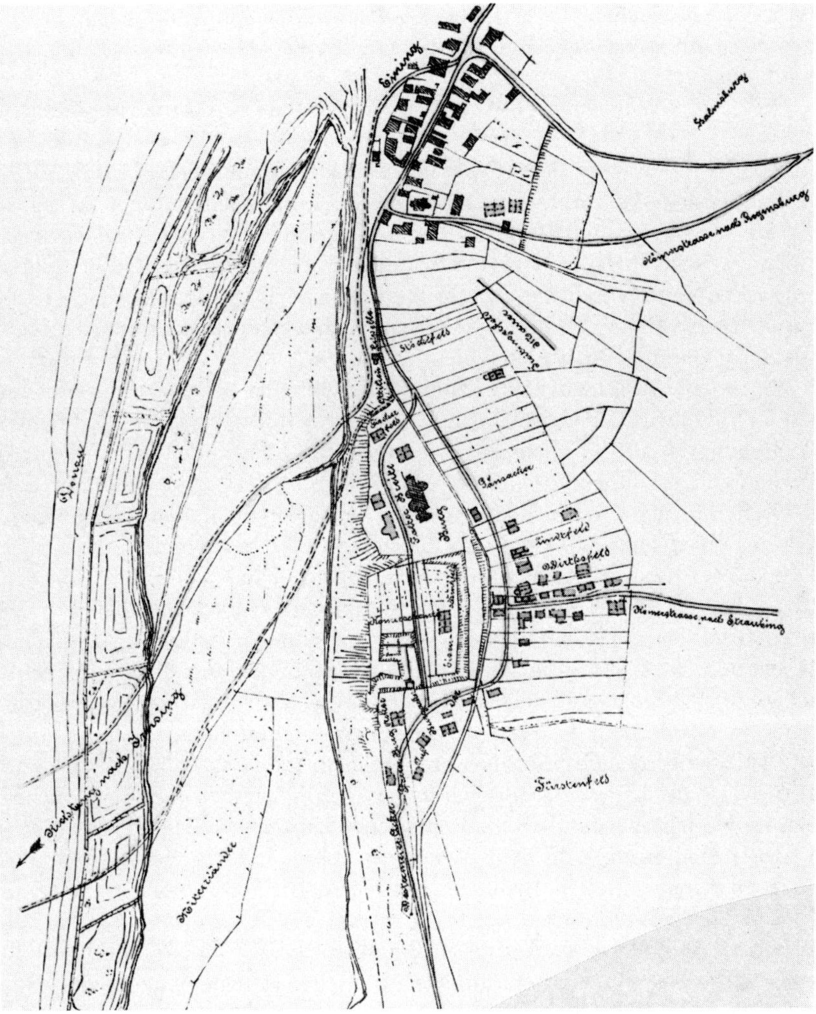

Abb. 2 »Situation der Ausgrabungen zu Eining 1882«. Ältester erhaltener Plan vom Römerkastell mit Eintragung der ersten Grabungsbefunde. Eingezeichnet sind vor allem Mauerreste in der Zivilsiedlung (vicus) östlich und südlich des Kastells, in dem zu diesem Zeitpunkt noch nicht gegraben worden war. Vor der Nordfront (Norden ist auf dem Plan oben) sind bereits die Grundrisse der jüngeren Thermen und des Rasthauses (mansio) kenntlich. Bemerkenswert ist der im »Freitingerfeld« eingetragene römische Mauerzug von rund 150 m Länge, der eine an der Ostseite des Vicus aus Luftbildern erschlossene Struktur (vgl. Abb. 12), einem Mauer-Graben-System ähnlich, in Richtung Eining fortsetzt. Demnach besaß die Zivilsiedlung möglicherweise eine eigene Stadtmauer (nach W. Schreiner)

ALLVSINA erscheint es zwischen *Vallatum*-Manching und *Reginum*-Regensburg im *Itinerarium Antonini*, einem Straßenverzeichnis aus der Zeit Diokletians.

Die *Notitia dignitatum*, ein spätantikes Truppen- und Ämterverzeichnis, nennt ABVSINA als Standort der 3. Britannerkohorte, die wiederum durch Inschriftenfunde (z. B. den »Caracalla-Altar«) in Eining belegt ist. Schließlich findet sich – verderbt – der Ortsname ARUSENA, eingetragen zwischen *Celeusum*-Pförring und *Reginum*-Regensburg, auf der *Tabula Peutingeriana*, einer römischen Straßenkarte, die freilich nur in einer von Konrad Peutinger entdeckten mittelalterlichen Abschrift erhalten ist. Damit kann die Gleichsetzung *Abusina*-Eining als gesichert gelten, auch wenn örtliche Inschriften mit Namensnennung einstweilen fehlen.

Nach dem Ausscheiden Schreiners und Sellmaiers als Grabungsleiter im Jahre 1898 führten Generalmajor a. D. Karl Popp und nach dessen Tod (1905) Wolfgang Maria Schmid die Ausgrabungen fort. Diese untersuchten weitere Bauten im Lagerinnenraum, setzten die Freilegung der Lagermauern mit den Zwischentürmen fort und schlossen die Grabungen im älteren Badegebäude vor der Westfront des Kastells am Uferhang ab. Darüber hinaus unternahm Popp auch Probeschürfungen im großen Lager nördlich von Eining, die den römischen Charakter der Anlage zumindest möglich erscheinen ließen.

Ab 1911 betreute Paul Reinecke die Forschungen in Eining. Zunächst beschränkte er sich auf verschiedene Sondierschnitte, um die stratigraphischen Verhältnisse und die bauliche Abfolge der römischen Architektur inner- wie außerhalb des Kastells wenigstens einigermaßen zu klären. 1915 und 1916 wurden auch einige Notgrabungen in der Zivilsiedlung östlich und nordöstlich des Lagers erforderlich. Die vorläufig letzten Grabungskampagnen in den Jahren von 1918 bis 1920 galten dann der Freilegung des Mars-Victoria-Heiligtums auf dem Weinberg. Und endlich wurde auch der Schacht des spätantiken Brunnens im Kleinkastell bis zu seiner Sohle in 23,2 m Tiefe ausgeräumt.

In der Folge ruhten die Spaten in Eining für lange Zeit. Erst nach fast 50 Jahren – 1968 – wurde erneut mit systematischen Arbeiten begonnen. Hans Schönberger, Direktor der Römisch-Germanischen Kommission in Frankfurt am Main, konzentrierte sich auf das nach wie vor rätselhafte Lager im Unterfeld. Er schreibt sogar in seinem Aufsatz von 1970, daß er vorab überhaupt gezweifelt habe, eine römische Fortifikation vor sich zu haben. Die Grabungen brachten jedoch rasch drei parallel verlaufende Umfassungsgräben mit typisch römischen Spitzprofilen zum Vorschein. Reste einer Mauer fanden sich nicht. Man muß sich eine solche bei dem nur wenige Jahre belegten Lager wohl aus Rasensoden aufgestapelt vorstellen, die bei Grabungen in unseren Breiten nur schwer oder gar nicht nachzuweisen sind.

Ebenfalls im Grabensystem, diesmal aber des Auxiliarkastells, führte Thomas Fischer 1979 anläßlich einer vorläufigen Parkplatzplanung die Rettungsgrabung durch. Ihm gelang es, den genauen Verlauf der beiden Spitzgräben festzulegen.

Tatsächlich wurde dieser Parkplatz dann weiter nördlich, neben der Landstraße, im Bereich des ehemaligen Kastellvicus gebaut. Die präventive Untersuchung (1982) der 600 m^2 großen Fläche leitete Konrad Spindler. Hier sind vor allem gewerbliche Einrichtungen der Zivilsiedlung wie eine Löschkalkgrube, ein Eisenschmiedeofen, eine Leimsiederei und ein Backofen beobachtet worden.

Die in groben Umrissen aufgezeigte Forschungsgeschichte von Eining – zahlreiche kleine Schürfungen und Notgrabungen mußten unerwähnt bleiben – wäre gleichwohl unvollständig, wollte man nicht der vielfältigen Zufallsfunde wie auch der Fundposten aus Raubgrabungen gedenken, die im Lauf der Jahrzehnte gehoben wurden und leider nur zu Teilen in die öffentlichen Sammlungen gelangten. Insbesondere darf hier auch die als Folge eines unzureichenden Denkmalschutzgesetzes eingerissene verhängnisvolle Unsitte der Minensuchgerät-Gängerei, jener modernen Form der Wünschelrutensuche, nicht verschwiegen werden, unter der das Eininger Fundgelände in den letzten Jahren besonders leidet.

Stellvertretend sei dafür der prachtvolle Fund römischer Paraderüstungsteile genannt, der 1975 – angeblich beim Pflügen – zutage kam. Es ist das große Verdienst von Hans-Jörg Kellner, die kostbaren Prunkhelme und Roßstirnen nicht nur in zähen Verhandlungen für die Prähistorische Staatssammlung München erworben, sondern auch bereits kurze Zeit später (1978) in ansprechender Form veröffentlicht zu haben.

Zur Geschichte von Abusina-Eining

Vorgeschichte

Das Gelände um Eining, das in römischer Zeit von Kastell und Lagerdorf bedeckt war, wies auch in vorgeschichtlicher Zeit gelegentliche Besiedlung durch den Menschen auf. Auf den Feldern westlich des Kastells, also im Bereich des Lagerdorfes, fanden sich in den letzten Jahren Steingeräte aus der Jungsteinzeit (6.–3. Jahrtausend v. Chr.), die dort die Existenz einer kleinen Dorfgemeinschaft erahnen lassen. Sichere Hinweise auf eine Siedlung haben wir dann erst wieder für die keltische Zeit. Die Grabungen 1982 erschlossen unter römischen Schichten zwei Abfallgruben, die neben typischer Keramik auch eine Bronzefibel der frühkeltischen Zeit (5. Jh. v. Chr.) enthielten. Von ganz besonderer Bedeutung sind zwei Funde aus Eining, die aus der spätesten Phase der Keltenzeit in Bayern stammen, nämlich aus der Zeit ab etwa der Mitte des 1. Jahrhunderts v. Chr. bis zur römischen Zeit. Die archäologischen Forschungen der letzten Jahre haben nämlich ergeben, daß die spätkeltische Kultur – bisher am besten durch die große Keltenstadt in Manching bei Ingolstadt repräsentiert – spätestens um ca. 50 v. Chr. durch Eindringlinge aus dem mitteldeutschen Raum fast völlig vernichtet wurde. Ob es sich bei diesen Eroberern um Germanen – wofür manches spricht – oder um von

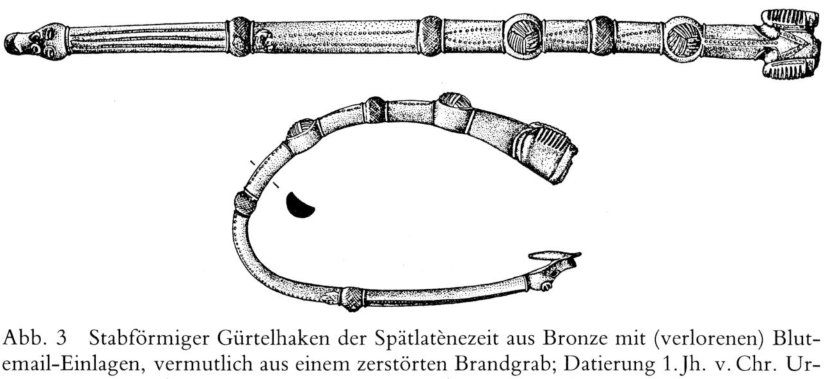

Abb. 3 Stabförmiger Gürtelhaken der Spätlatènezeit aus Bronze mit (verlorenen) Blutemail-Einlagen, vermutlich aus einem zerstörten Brandgrab; Datierung 1. Jh. v. Chr. Ursprünglich kreisbogenförmig, jetzt sekundär zusammengedrückt; Länge abgerollt 32,5 cm. Der Gürtelhaken hat als Hinweis auf eine bescheidene keltische Siedlung am Ort zu gelten, von der auch während der Ausgrabung 1982 Spuren zum Vorschein kamen (nach W. Krämer)

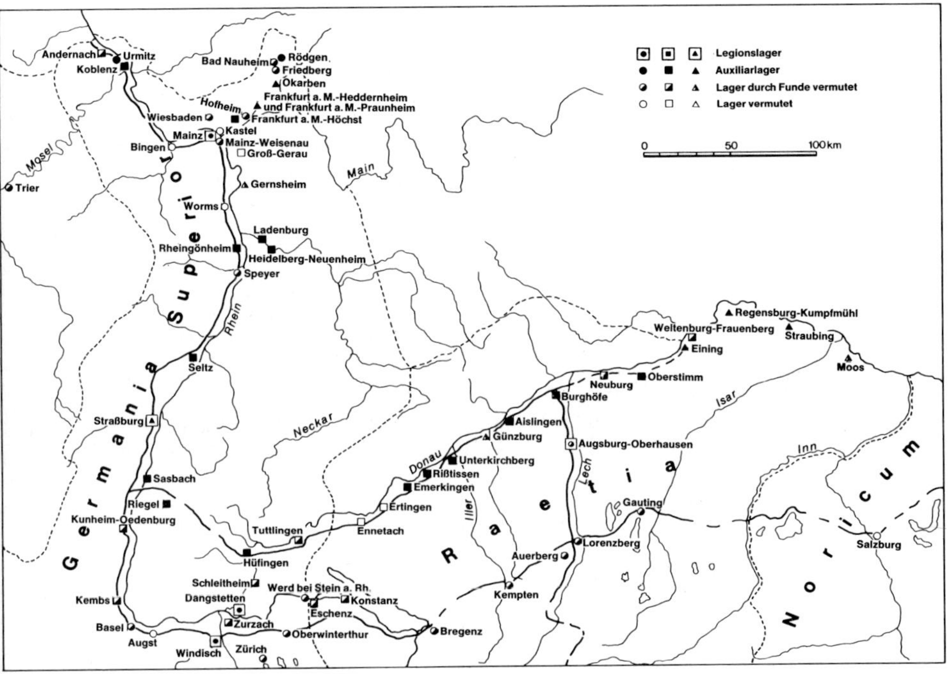

Abb. 4 Römische Kastelle in Süddeutschland zur Zeit des Augustus und Tiberius (19 v. Chr. – 37 n. Chr. = Kreis), des Claudius (41 – 54 n. Chr. = Quadrat) und des Vespasian/Titus (69 – 81 n. Chr. = Dreieck; nach Ph. Filtzinger)

diesen verdrängte mitteldeutsche Kelten handelt, ist noch Gegenstand der wissenschaftlichen Diskussion. Mit Sicherheit aber sind die letzten Jahrzehnte vor der römischen Okkupation in Südbayern von einem frappierenden Mangel an archäologischen Hinweisen auf eine dort lebende Bevölkerung gekennzeichnet.

Eining hat nun zwei Funde dieser Periode geliefert: Einen prächtigen Stabgürtelhaken aus Bronze mit roter Emailverzierung (Abb. 3), der wohl aus einem verackerten Grab stammt, hat W. Krämer (1968) ausführlich besprochen. Als Neufund aus der Grabung 1982 kam eine sogenannte geschweifte Fibel aus Bronze zutage, die ebenfalls der Spätphase der Keltenzeit zuzurechnen ist. Freilich reichen diese spärlichen Hinweise bei weitem nicht aus, um damit die Zeitspanne bis zur Ankunft der Römer 79/81 n. Chr. in Eining zu überbrücken: Eine keltische Vorgängersiedlung von Abusina hat es nach unserem jetzigen Kenntnisstand nicht gegeben.

Nach dem Bild, das die Forschung jetzt für die Spätphase der keltischen Epoche in Südbayern zeichnen kann, nimmt es nicht wunder, daß Rom unter dem Kaiser Augustus (27 v. Chr.–14 n. Chr.) in einem kurzen Feldzug, der nur den Sommer des Jahres 15 v. Chr. in Anspruch nahm, die Alpen und das bayerische Voralpenland rasch unter Kontrolle bekam. Von einer flächigen Besetzung des neu eroberten Gebiets zwischen Alpen und Donau kann unter den Kaisern Augustus und Tiberius (14–37 n. Chr.) jedoch noch keine Rede sein. Roms Augenmerk galt zunächst dem Raum Oberrhein–Bayerisch Schwaben, wo – als Flankenschutz für die Germanienoffensive des Augustus im Land zwischen Rhein und Elbe – größere Truppenkontingente stationiert waren. Diese Eroberungspläne wurden freilich nach der Schlacht im Teutoburger Wald 9 n. Chr. und im Gefolge weiterer Kämpfe schließlich aufgegeben. Daneben sicherte man die wichtige Straßenverbindung Rhein–Donauraum über Bregenz–Kempten–Lorenzberg bei Epfach–Gauting–Salzburg durch kleine Militärposten, die wohl eher Polizeifunktionen als militärische Aufgaben zu erfüllen hatten. Erst in der Spätzeit des Tiberius oder der Frühzeit des Claudius (41–54 n. Chr.) entstanden dann an der oberen Donau die ersten Kastelle.

Unter Claudius festigte sich schließlich eine lineare Donaugrenze, die mit einer Reihe von Kastellen, verbunden durch eine Straße, gesichert wurde. Freilich endete diese militärische Sicherung zunächst mit dem Kastell Oberstimm bei Ingolstadt; von dort bis Linz blieb die Donaustrecke frei von größeren Befestigungen. Allerdings war auch dieser ungesicherte Abschnitt wahrscheinlich nicht frei von römischen Beobachtungsposten. Kleine Militärposten, wie auf dem Frauenberg bei Weltenburg, scheinen häufiger gewesen zu sein, als es der jetzige Forschungsstand noch vermuten läßt. So liefern Neufunde aus Passau Hinweise auf einen kleinen Posten auf der Landzunge zwischen Donau und Innmündung. Unter Claudius gewannen auch die politischen Verhältnisse im Voralpenland Konturen. Die bisher als eine Art Militärterritorium vom Gebiet der Rheinarmee aus verwaltete Region erhielt nun den Status einer römischen Provinz mit dem Namen Rätien (Raetia, benannt nach dem inneralpinen Volksstamm der »Raeti«).

Hauptstadt wurde Augsburg (Augusta Vindelicum), wo auch der Leiter der Zivil- und Militärverwaltung, ein dem Ritterstand – der unteren römischen Adelsschicht – angehörender Procurator residierte. Die friedliche Entwicklung der Provinz wurde im Jahr 68 n. Chr. jäh unterbrochen, als nach dem gewaltsamen Sturz des Kaisers Nero (54–68 n. Chr.) ein Bürgerkrieg ausbrach, in dem sich Rätien und die östlich angrenzende Provinz Noricum plötzlich als Gegner in zwei verfeindeten Lagern gegenüberstanden. Im

Verlauf dieser inneren Wirren, die noch durch Aufstände keltischer und germanischer Völker kompliziert wurden, sanken nicht nur die meisten rätischen Kastelle, sondern auch die Städte Bregenz, Kempten und Augsburg in Schutt und Asche.

Neue Grenzpolitik unter den flavischen Kaisern Vespasian, Titus und Domitian

Der Sieger in den Auseinandersetzungen nach Neros Tod, Kaiser Vespasian (69–79 n. Chr.), sah sich genötigt, die Grenzverteidigung an Rhein und Donau neu zu organisieren. Zugleich galt es, eine gefährliche Schwachstelle im Grenzverlauf zu bereinigen: die extrem lange Straßenverbindung entlang dem Oberlauf von Rhein und Donau. Unter Vespasian begann mit dem Bau einer Straße von Straßburg über den Schwarzwald nach Tuttlingen eine Entwicklung, die mit der Einbeziehung größerer Teile Hessens, Südwestdeutschlands und Nordbayerns in das Römische Reich unter dem Schutz des obergermanischen und rätischen Limes enden sollte. Diese Politik wurde nicht nur von Vespasian, sondern auch von seinen Söhnen und Nachfolgern Titus (79–81 n. Chr.) und Domitian (81–96 n. Chr.) verfolgt und konsequent fortgesetzt. Zunächst stellte man die claudische Donaulinie wieder her, die Lücke zwischen Oberstimm und Linz verringerte sich durch die Neugründung der Kastelle Eining, Regensburg-Kumpfmühl, Straubing und Moos (letzteres an der Mündung der Isar in die Donau). In der Spätzeit Domitians folgten die Kastelle Künzing – mit dem das durch Hochwasser gefährdete Kastell Moos ersetzt wurde – und Passau-Innstadt. Unter Titus entstand als erste Anlage nördlich der Donau das Kastell Kösching, eine Fortifikation, die das Kastell Oberstimm überflüssig machte; unter Domitian begann dann der zügige Ausbau des rätischen Limes mit seinen Kastellen, der zur Aufgabe der Donaukastelle westlich von Eining führte.

Das römische Eining

Unser Wissen von einem Ort der Römerzeit hängt ganz wesentlich von der Menge der uns überlieferten Inschriften ab. In Eining hat sich eine ganze Reihe von Schriftdenkmälern – zumeist freilich nur in Bruchstücken – erhalten. Wir kennen Gründungs-, Weihe- (Abb. 6) und Grabinschriften auf Stein, Inschriften aus Bronze (z. B. Militärdiplome, Abb. 37) und Ziegelstempel (Abb. 5), die uns Daten zur Geschichte des Platzes wie seiner Bewohner und Kenntnisse über die in Eining stationierten Truppen liefern.

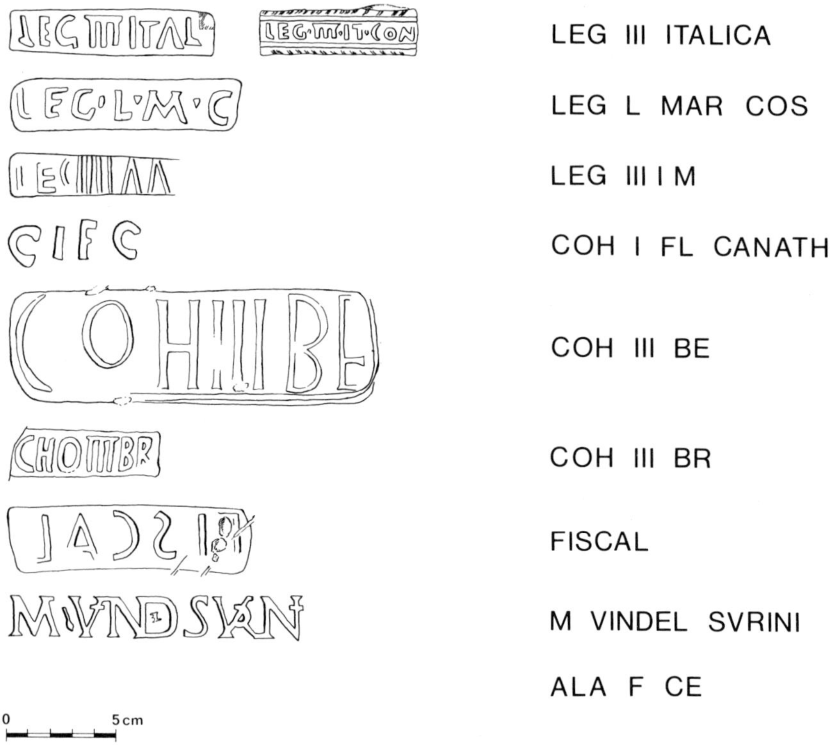

Abb. 5 Ziegelstempel aus Eining. Die Lesung ist bisweilen durch Rückläufigkeit oder Zusammenschreibung von Buchstaben (sog. Ligaturen) erschwert. Die Ziegelstreicher, seien es nun Soldaten im Truppenauftrag (z. B.: 3. Italische Legion) oder Privatleute (z. B.: Marcus Vindelicus Surinus), stempelten immer nur einen Teil ihrer Produktion (nach G. Spitzlberger)

Glücklicherweise ist – wenigstens in wichtigen Teilen – auch die Gründungsinschrift des ersten Eininger Kastells auf einer Kalksteinplatte erhalten. Diese zeigt, daß das Lager unter dem Kaiser Titus (79–81 n. Chr.) fertiggestellt worden war. Das Kastell und auch das bald entstehende Lagerdorf erhielten den Namen Abusina, benannt nach dem gleichnamigen Fluß, der heute – als Abens – unweit nördlich des Kastells in die Donau mündet. Die Lage war günstig gewählt: Vom Steilufer über der Donau aus ließ sich der Verkehr auf dem Strom und der Donautalstraße gut überwachen (s. S. 35 ff.).

Als erste Truppe, die auch das Kastell erbaute, läßt sich die 4. Gallierkohorte *(Cohors IV Gallorum)* erschließen. Dieses älteste Kastell besaß noch keine massiven steinernen Wehranlagen und Innenbauten, wie man sie heute in

Abb. 6 Kalksteinaltar des Titus Flavius Felix. Den Unterteil sah schon Aventin; der Oberteil wurde erst 1887 gefunden. Der Sockel fehlt. Die Inschrift besagt, daß ein gewisser T. Flavius Felix, Präfekt der 3. Britannerkohorte, den Altar aufgrund eines Gelübdes an Jupiter, Juno und Minerva sowie an den Genius seiner Kohorte zum Wohl der Kaiser Antoninus Pius (= Caracalla) und Geta wie der Kaisermutter Julia Domna am 1. Dezember 211 n. Chr. setzte. Nach dessen Ermordung (212 n. Chr.) wurde der Name des Geta getilgt (Damnatio memoriae). Auf der Vorderseite ist unter der Inschrift ein Stieropfer dargestellt; die (hier nicht sichtbare) rechte Seite zeigt den genannten Genius, die linke Seite die Göttin Fortuna. Höhe 1,27 m, Breite 0,76 m, Tiefe 0,58 m

Resten sehen kann. Die Gebäude im Inneren bestanden aus Lehmfachwerk, die Umwehrung wurde aus Trockenmauerwerk, verstärkt durch hölzerne Einbauten, konstruiert. Das Material dazu fiel beim Anlegen der Spitzgräben von selber an, denn das Kastell liegt auf einer Plattenkalkformation, die beim Ausbrechen ein hervorragendes, leicht zu bearbeitendes Baumaterial liefert. Andere zeitgenössische Kastelle besaßen Mauern aus erdgefüllten Holzkästen oder aus Rasensoden, die mit Holz versteift und mit Erde hinterschüttet waren. Auch hinter der zu vermutenden Trockenmauer in Eining befand sich ein Erdwall, der den Wehrgang trug; Türme und Tore dürften reine Holzkonstruktionen gewesen sein. Diese Bauweise des – immer wieder reparierten – Kastells wurde bis um die Mitte des 2. Jahrhunderts n. Chr. beibehalten.

Im frühen 2. Jahrhundert löste eine neue Truppe die 4. Gallierkohorte ab. Es handelte sich um eine 500 Mann starke Teileinheit *(vexillatio)* der 2. Tungrerkohorte *(Cohors II Tungrorum milliariae equitatae vexillatio)*. Die Stammeinheit dieser ursprünglich 1000 Mann starken Kohorte, die sich aus Reiterei und Infanterie zusammensetzte, blieb in England stationiert.

Unter den ersten beiden Besatzungen war das Lagerinnere anscheinend nach dem üblichen Schema eines römischen Kastells eingeteilt: Das Haupttor *(porta praetoria)* lag an der Schmalseite des Lagers, im Fall Eining im Norden; an den Längsseiten befanden sich die beiden Seitentore *(porta principalis dextra* bzw. *sinistra)*, die eine durchgehende Straße *(via principalis)* miteinander verband. Das Stabsgebäude *(principia)* lag in der Mitte so hinter der Via principalis, daß es mit seiner Vorhalle das Mittelstück der Straße überdachte.

Nach 153 ist nun für Eining als Besatzung die 3. Britannerkohorte *(Cohors III Britannorum equitata)* überliefert, die ebenfalls ein 500 Mann starker, aus Reiterei und Infanterie gemischter Verband war. Sie sollte bis zum Ende der römischen Präsenz im 5. Jahrhundert in Eining bleiben. Anscheinend führte diese Truppe umfassende Umbauten durch, die in Steinbautechnik ausgeführt wurden. Dieser Ausbau der Kastelle in Stein, dessen Überreste ja heute noch zu sehen sind, war eine überörtliche Maßnahme, mit deren Hilfe Kaiser Antoninus Pius (138–161) die Verteidigungskraft am ganzen Limes erhöhen wollte. Der Umbau hatte auch eine Umorientierung der Innenbebauung unter Beibehaltung der Umwehrung zur Folge, die dem Kastell einen merkwürdig irregulären Grundriß bescherte. So wanderte die Porta praetoria nach Osten, wo sie jetzt asymmetrisch nach Norden verschoben an der Langseite des Kastells lag. Folgerichtig war nun auch der Haupteingang der Principia nach Osten gerichtet, entgegen der üblichen Gepflogenheit liegt diese nicht mehr in der Mitte der Via principalis, sondern ist ebenfalls asymmetrisch nach Norden verschoben. Der Grund für diese ungewöhnliche Umorientierung ist unbekannt.

Nachdem es Rom ein Jahrhundert lang gelungen war, der Provinz Rätien einen militärisch gesicherten Frieden zu erhalten, unterbrachen um 170 die Auswirkungen der Markomannenkriege jäh die ruhige Entwicklung. Zwar spielten sich die schwersten Kämpfe mit den aus Böhmen eingebrochenen Germanenstämmen der Markomannen und ihrer Verbündeten vor allem in den östlich benachbarten Provinzen Noricum und Pannonien ab, doch wurde auch Rätien, besonders das Gebiet Eining–Regensburg, schwer getroffen. Kastelle, Lagerdörfer und Gutshöfe gingen in Flammen auf.

Die Auswirkungen des Krieges waren so schwer, daß man sich zu einer gravierenden Änderung der militärischen und damit auch politischen Verhältnisse in der Provinz Rätien entschloß. Die während der Markomannenkriege neu aufgestellte 3. Italische Legion (*Legio III Italica*, Abb. 5) mit ihren 6000 Infanteristen und 200 Reitern war nun seit 179 in Rätien stationiert, wo zuvor nur wesentlich kleinere Hilfstruppen *(auxilia)* in den Kastellen gelegen hatten. Damit änderten sich auch die Verwaltung und der Stellenwert der Provinz Rätien: Statt eines Procurators aus dem Ritterstand leitete jetzt der dem Senatorenstand angehörende Legat der Legion die militärische und zivile Verwaltung.

Bevor die 3. Italische Legion ihr Standlager in Regensburg erbaute, operierte sie, oder zumindest eine starke Abteilung von ihr, im Gebiet um Eining. Anscheinend waren die Römer durch die Germaneneinfälle gezwungen, Teile der Provinz regelrecht zurückzuerobern. Dabei scheint die Eininger Gegend mit ihren wichtigen überregionalen Verkehrsverbindungen eine bedeutende Rolle gespielt zu haben. Zu einer Zeit, als Kastell und Lagerdorf Abusina noch in Trümmern lagen, errichtete eine Teileinheit, ungefähr die Hälfte der 3. Italischen Legion, nördlich von Eining im Unterfeld (S. 55 ff.; Abb. 27–29) ein nur kurzfristig besetztes Lager. Es sollte wohl nicht nur als Nachschublager für weiter östlich gelegene Kriegsschauplätze dienen, sondern bildete eher eine Basis, von der aus der Raum Eining–Regensburg wieder freigekämpft wurde.

Nachdem diese Aufgabe erfolgreich gelöst war, halfen Bautrupps der Legion, die Kriegsfolgen in Eining zu beseitigen und Kastell und Lagerdorf wieder aufzubauen. Anders kann man wohl das häufige Vorkommen von Ziegelstempeln der 3. Italischen Legion dort nicht erklären (Abb. 5).

Einen gewissen Aufschwung für das Lagerdorf mit seinen Wirtshäusern und sonstigen Möglichkeiten der Freizeitgestaltung brachten die Besucher des großen Heilbades im benachbarten Bad Gögging, in dem sich die Regensburger Legion große Thermenanlagen mit regem Kurbetrieb ausbauten. Überhaupt scheint die Zeit nach den Markomannenkriegen bis in das erste Drittel des 3. Jahrhunderts hinein die Blütezeit Abusinas gewesen zu sein.

Einen Höhepunkt bildete sicherlich die Anwesenheit des Kaisers Caracalla

(211–217), der im Jahre 213 Rätien und auch das Kastell Abusina besuchte (Abb. 6). Dieser Besuch hatte einen gewichtigen Anlaß – den ersten römischen Krieg gegen die Alamannen. Aus Mitteldeutschland vordringend, hatte sich der Stammesverband neu formiert und sollte nun bis zum Ende des Römischen Reiches einer der gefährlichsten Gegner Roms bleiben. Die erste Begegnung freilich endete mit einem Sieg Caracallas, der für 20 Jahre Ruhe an der Grenze schaffte.

Im Jahre 233 aber, während der Regierungszeit des glücklosen Kaisers Severus Alexander (222–235), brachte ein konzentrierter Angriff der Alamannen weite Bereiche der römischen Grenzverteidigung zum Zusammenbruch, das Hinterland wurde geplündert und verwüstet. Doch dies war nur der Auftakt – Einfall folgte auf Einfall, bis um 260 der Limes zusammenbrach. Auch Eining ging mehrmals in Flammen auf. Zeugnisse dieser Ereignisse mit ihren verheerenden Folgen für die römische Provinzbevölkerung sind vor allem die Versteckfunde. Wie Menschen oft in Notzeiten vergruben auch die Römer im gefährdeten Grenzgebiet ihren wertvollsten Besitz an Münzen, Schmuck, aber auch Werkzeug, Waffen – überhaupt alles, was kostbar war – im Boden, in der oft vergeblichen Hoffnung, ihn wieder bergen zu können, wenn die Gefahr vorüber war (Abb. 7). Auch in Eining zeugen zahlreiche Versteckfunde, die von ihren Besitzern nicht mehr gehoben werden konnten, von tragischen Schicksalen. Neben mindestens drei Münzschätzen (Abb. 60) des 3. Jahrhunderts, von denen einer auch Frauenschmuck enthielt, kennen wir einen Sammelfund von eisernem Werkzeug und Gerät; die Grabungen 1982 lieferten ein kleines Ensemble von Eisengerät und Beschlägen, das auch Waffenteile enthielt (Abb. 43) und im 3. Jahrhundert in Eile verborgen worden war. Der wichtigste Hortfund kam 1975 unter nicht ganz geklärten Umständen auf dem Gelände des ehemaligen Lagerdorfes zutage. Es handelt sich um zahlreiche Teile von Paraderüstungen (S. 76ff., Abb. 44–49), die heute zu den großartigsten Exponaten der Prähistorischen Staatssammlung in München zählen.

Als der Limes um 260 gefallen war, gerieten große Teile der Provinz Rätien in Anarchie, ja, sie scheinen sich gänzlich der Kontrolle Roms entzogen zu haben. Es gibt jedoch ernstzunehmende Hinweise darauf, daß sich das Gebiet Regensburg–Eining in einer Art Insellage halten konnte. Schließlich zählt die 3. Britannerkohorte neben der 3. Italischen Legion zu den ganz wenigen Truppeneinheiten in Rätien, die das Chaos der Alamanneneinfälle des 3. Jahrhunderts überlebten.

Im frühen 4. Jahrhundert, unter den Kaisern Diokletian (284-305) und Konstantin I. (306–337), unterzog man das römische Heer einer grundlegenden Reform. Statt, wie bisher, die Truppen entlang der Grenze zu stationieren, ohne Reserven im Hinterland bereitzuhalten, zog man nun aus den

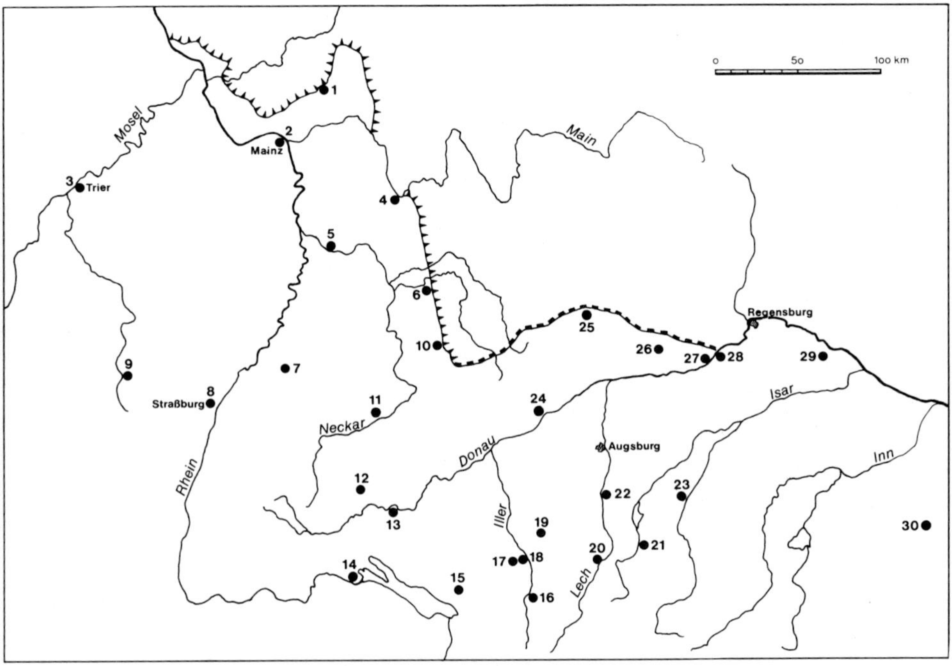

Abb. 7 Römische Münzschatzfunde aus der Zeit des Alamanneneinfalls 233 n. Chr. Die Verbreitungskarte zeigt, daß die Germanen nicht nur das Grenzgebiet bedrohten, sondern auch weite Teile des Hinterlandes bis an den Fuß der Alpen verheerten. 1 Saalburg, 2 Mainz (Legionslager), 3 Trier, 4 Miltenberg, 5 Heidelberg-Neuenheim, 6 Öhringen, 7 Baden-Baden, 8 Straßburg, 9 Saarburg, 10 Welzheim, 11 Einsiedel b. Tübingen, 12 Unterdigisheim-Meßstetten, 13 Sigmaringen, 14 Schrotzburg, 15 Rembrechts, Gde. Haslach, 16 Martinszell, 17 Wiggensbach, 18 Kempten: drei Schatzfunde, 19 Ronsberg, 20 Jagstberg, 21 Marnbach, 22 Haltenberg, 23 München-Harlaching, 24 Gundelfingen, 25 Dambach, 26 Pfünz, 27 Pförring, 28 Eining, 29 Kirchmatting b. Straubing, 30 Seewalchen am Attersee (nach H.-J. Kellner)

Einheiten größere Teile heraus und faßte sie zu einem mobilen Feldheer zusammen. Die wesentlich kleineren Einheiten, die als Grenzwacht stationiert blieben, bauten sich reduzierte, aber stärker befestigte Kastelle. So entstanden Festungen, die in Aussehen und Konzeption schon mittelalterlichen Burgen ähnlich waren, nämlich gesicherte Plätze, in denen eine kleine Besatzung einem übermächtigen Belagerer trotzen konnte, bis Entsatz kam. Die Kastelle der frühen und mittleren Kaiserzeit waren ja nur relativ schwach befestigte Kasernen gewesen, von denen aus Truppen beweglich operieren sollten. Auch in Eining legte die stark verringerte 3. Britannerkohorte in der

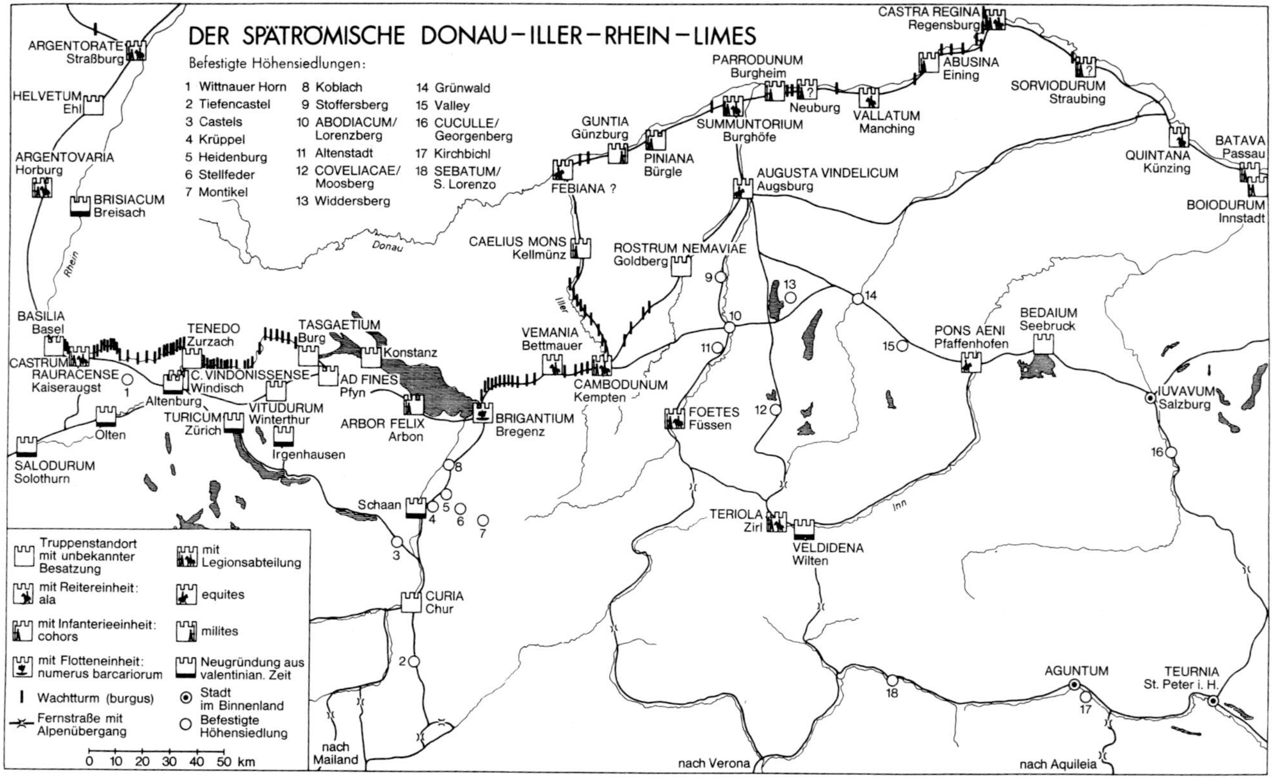

Abb. 8 Der spätrömische Rhein–Iller–Donau-Limes von Straßburg (Argentorate) bis Passau-Innstadt (Boiodurum; nach J. Garbsch)

Südwestecke des alten Kastells eine solche Kleinfestung an, die heute noch gut erhalten ist (s. S. 65 ff.). Das restliche Kastellareal freilich wurde nicht aufgegeben. Obwohl dessen Situation in der Spätantike – ohne genauere wissenschaftliche Bearbeitung der alten Grabungen – noch nicht ganz zu beurteilen ist, kann man davon ausgehen, daß die Wehranlagen des mittelrömischen Kastells im 4. und 5. Jahrhundert weiterhin repariert wurden und sich im Inneren nicht nur Zivilisten, sondern auch Soldaten aufhielten.

Die Militärreform und der Ausbau des Donau–Iller–Rhein-Limes (Abb. 8) verschafften Rätien noch einmal ruhige Zeiten, bis sich dann in der zweiten Jahrhunderthälfte die germanischen Überfälle wieder häuften – vor allem stets dann, wenn im Innern des Römischen Reiches Bürgerkriege zwischen rivalisierenden Kaisern und Gegenkaisern herrschten. So zeigt ein Münzschatz aus dem kleinen Eckkastell an, daß der Einfall des alamannischen Teilstammes der Juthungen im Jahre 357 auch Eining getroffen hat.

Ein besonders interessantes Problem gilt es noch genauer zu untersuchen, die Frage nämlich, wie hoch im 4. und 5. Jahrhundert der Anteil der im römischen Heer dienenden Germanen war. So konnte z. B. E. Keller (1979) in einer Analyse des spätrömischen Kastellgräberfeldes von Neuburg an der Donau detailliert zeigen, daß sich dort nacheinander Alamannen, Ostgermanen (Goten?) und Elbgermanen böhmischer Herkunft als Kastellbesatzungen unter römischem Kommando abwechselten. Auch in Abusina lassen germanische Funde verschiedener Herkunft (s. S. 95 ff.; Abb. 69, 71–73) ganz deutlich eine paradoxe Situation erkennen: Die im frühen 5. Jahrhundert noch schriftlich als Besatzung Einings erwähnte 3. Britannerkohorte des römischen Heeres bestand überwiegend aus Germanen. Funde wie der Reitersporn in Abb. 72,1 zeigen, daß diese Truppe zum Teil noch beritten war. Für das frühe 5. Jahrhundert fassen wir durch typische Keramikfunde (Abb. 73) Elbgermanen böhmischer Herkunft, die nach neueren Forschungen möglicherweise entscheidenden Anteil an der Bildung des Bayernstammes im 6. Jahrhundert hatten und diesem sogar ihren Namen (*Baiuvarii* = Männer aus Böhmen) aufprägten.

Um die Mitte des 5. Jahrhunderts kam es dann zur letzten Katastrophe, die das Leben nach römischer Tradition im Eininger Kastell endgültig auslöschte. Wahrscheinlich war die Zerstörung die Folge eines alamannischen Einfalls aus dem Westen, der auch in der Lebensbeschreibung des hl. Severin (gest. 482 n. Chr.) Erwähnung fand. Der Name Abusina erlosch als Ortsbezeichnung, nur der Fluß Abusina (heute Abens) behielt ihn bei und übertrug ihn auf die mittelalterliche Gründung Abensberg. Der heutige Ort Eining aber geht auf einen Neuanfang im frühen Mittelalter zurück (s. S. 100 ff.).

Die Geländedenkmäler

Die rätische Mauer (Limes)

In den ersten Jahrzehnten seiner Geschichte war das Hilfstruppenlager von Eining ein Kastell an der Donaulinie wie viele andere auch. Erst mit dem Ausbau des obergermanisch-rätischen Limes bekam Eining für die folgenden 100 Jahre eine militärtaktisch entscheidende Funktion zugewiesen. Es hatte jenen neuralgischen Punkt in der Grenzstrategie zu bewachen, an der der zuletzt als Steinmauer mit Wachttürmen ausgebaute rätische Limes an die Donau stößt. Von hier ab flußabwärts bildete der Strom die Grenze, wie man sagt, den »nassen« Limes. Knapp 4 km nördlich vom Eininger Kohortenlager trifft der Mauerkopf auf das Donauufer. Die Stelle ist vom Kastell aus – unter Einbeziehung des Turms auf dem Weinberg – einwandfrei zu übersehen, und umgekehrt konnten feindliche Bewegungen am Limes von den Wachttürmen aus ohne weiteres, tagsüber mit Signalen, nachts mit Fackelzeichen, der Garnison gemeldet werden.

Zunächst war die Grenzlinie nur durch eine freie Waldschneise, später durch einen Palisaden- oder Flechtzaun symbolisch markiert. Eine Kette von hölzernen Wachttürmen in Abständen von 400 bis 800 m begleitete sie. Noch später wurden die Holzbauten durch gemauerte Steintürme und durch die Limesmauer ersetzt. Allein auf der fast schnurgeraden Strecke zwischen den Kastellen Böhming und Eining sind wenigstens 47 Türme nachgewiesen oder doch mit einiger Sicherheit zu vermuten.

Durch Ausgrabungsbefunde und durch bildliche Darstellungen (z. B. auf der Trajanssäule in Rom) sind wir über das Aussehen der Grenzwehreinrichtungen einigermaßen informiert.

Leider ist der 3 km nördlich von Hienheim rekonstruierte Wachtturm in verschiedenen baulichen Details nicht ganz geglückt. Bei ihm sind Konstruktionselemente des Holz- und des Steinturms miteinander vermengt. Der Eingang zu ebener Erde ist eine Konzession an den heutigen Besucher. Die meisten römischen Wachttürme waren nur über eine Leiter in das erste Stockwerk zu betreten, die bei Gefahr eingezogen werden konnte. Selbst bei den Holztürmen war der Unterteil durchweg gemauert, und die Außengalerie scheint insbesondere den – stabileren– Steintürmen vorbehalten gewesen zu sein. Gleichwohl vermittelt der Turm einen treffenden Eindruck von der Funktion, die diesen Anlagen zugedacht war. Im Prinzip bestand ihre Aufgabe im Überwachungs- und Meldewesen, denn gegen einen entschlossenen

Abb. 9 Rekonstruktion eines hölzernen Limes-Wachtturms mit balkendurchschossenem Sockel (nach D. Baatz)

Angriff einer auch nur kleinen gegnerischen Truppe konnten sie sich vielleicht gerade so lange halten, bis Entsatz kam.

Nach den vor allem von D. Baatz (1975) entwickelten Rekonstruktionen besaßen die Holztürme (Abb. 9) ein massives Fundament, das außen aus mörtellos aufgeschichteten Steinen errichtet war. Den Turmfuß umgab ein ringförmiges bis quadratisches Gräbchen, das weniger als Annäherungshindernis denn vielmehr der Trockenlegung der Fundamente diente. Die Ecken des Turms wurden von vier mächtigen, rechteckig zugehauenen Pfosten getragen. Der ganze Unterteil war mit Horizontalbalken durchschossen und das Gerüst dann mit Erde aufgefüllt. Das Geschoß darüber war als Wohn- und Schlafraum für die Wachmannschaft bestimmt. Der eigentliche Wachdienst fand im Obergeschoß statt, das an den Seiten mit großen Fenstern ausgestattet war.

Die Steintürme (Abb. 10) besaßen etwa die gleiche Größe wie die Holztürme (Grundriß ca. 6 × 6 m; Höhe ca. 10 m). Das Untergeschoß konnte als Lagerraum oder Waffenkammer benutzt werden. Nicht selten fanden sich in den Ruinen der Türme Getreidemühlen, Geschirr und weiteres Haushaltsge-

Abb. 10 Inneres eines dreigeschossigen Limes-Wachtturms aus Stein (nach D. Baatz)

rät. Die etwa vier bis fünf Mann starke Besatzung, die wohl nur turnusmäßig wechselte, war also für einen längeren Aufenthalt eingerichtet.

Die Steinmauer, die in der letzten Ausbauphase des Limes die Steintürme miteinander verband, war durchschnittlich 1,2 m breit und 3 bis 4 m hoch. Es wurden Bruchsteine aufeinandergemörtelt und an den Außenseiten mit behauenen Handquadern verblendet. Die Quaderung zeichnete man mit rotem Fugenstrich im Mörtel nach. Der Schuttwall dieser Mauer zieht heute noch auf weite Strecken wie mit dem Lineal gezeichnet durch die Landschaft. Auch am Limeskopf nördlich von Hienheim ist die im Volksmund sogenannte »Teufelsmauer« neben den sie begleitenden Feld- und Waldwegen noch gut zu erkennen.

Das Lager wurde auf der Hochterrasse unmittelbar am Steilabfall zum Donautal errichtet. Im Mittelalter verlagerte sich der Lauf des Stromes etwas nach Westen, so daß heute die Abens, deren Mündung in die Donau durch eine Kanalisierung weit nach Norden verschoben wurde, am Fuß des Uferhangs unter dem Kastell entlangfließt. Neben ihrer strategischen Position ist die Platzwahl auch durch das römische Verkehrsnetz bestimmt. In Eining treffen sich mehrere Straßenzüge. Zum einen führte hier die alte Donausüdstraße von *Vallatum*-Manching nach *Reginum*-Regensburg vorbei. Da das Kastell selbst nicht für den Durchgangsverkehr vorgesehen war, umging

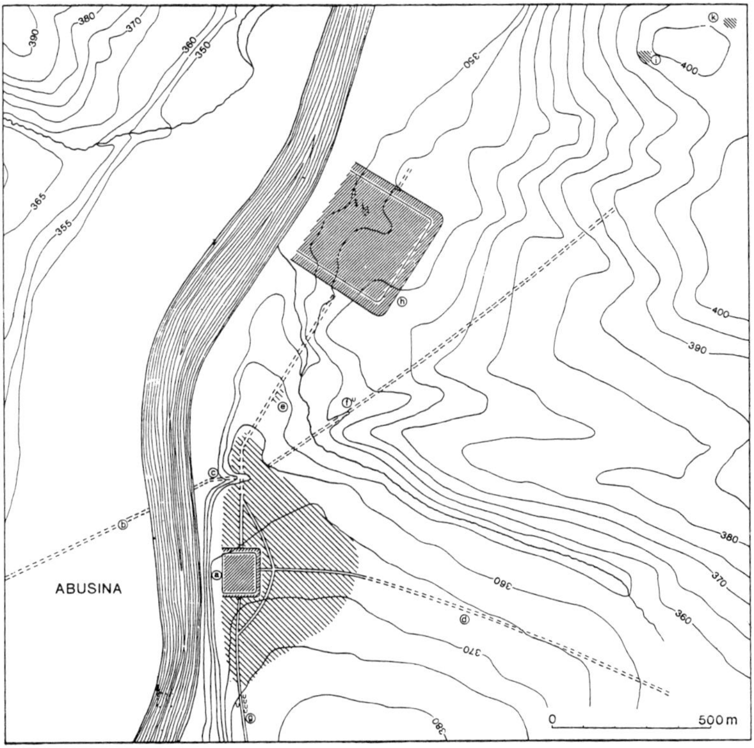

Abb. 11 Abusina-Eining in mittelrömischer Zeit (80–233 n. Chr.): a Auxiliarkastell, b–d römische Straßen, e nördliche Ausläufer des Kastellvicus, f–g Grabfunde, h um 170 n. Chr. gebautes, kurzfristig belegtes Vexillationslager der 3. Italischen Legion, i Tempelbezirk am Weinberg, k Spuren eines römischen Gehöfts nordöstlich der Tempelanlage (nach R. Christlein)

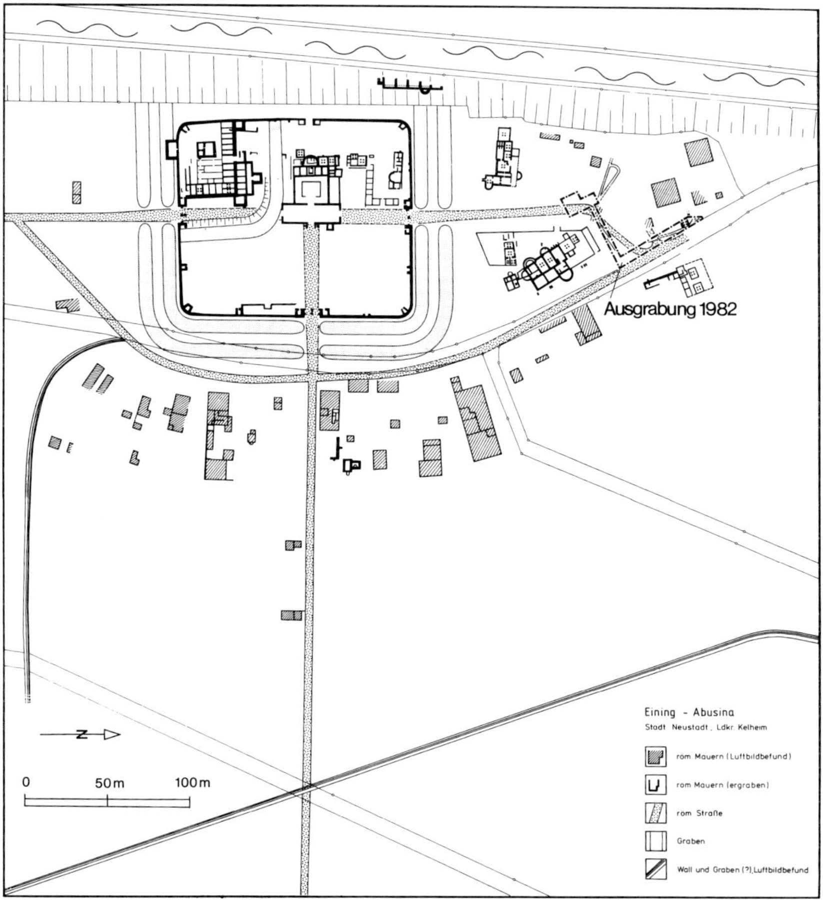

Abb. 12 Kastell mit zugehöriger Zivilsiedlung von Eining. Eingetragen sind alle durch Ausgrabungen und aus Luftbildern erschlossenen Befunde (Entwurf O. Reichold, Zeichnung R. Röhrl)

diese Trasse das Lager östlich in leichtem Bogen (Abb. 11). Von Westen her trifft die Route von *Celeusum*-Pförring in Eining auf die Donausüdstraße. Der Strom wurde wohl mittels einer Furt durchquert, da Brückenroste bislang nicht zum Vorschein kamen. Im Gelände zeichnet sich der Aufstieg von der Untiefe auf die Hochterrasse noch deutlich in einem Ufereinschnitt 200 m nördlich der Kastellmauer ab. Die das Lagerhaupttor *(porta praetoria)* nach Osten verlassende Straße verlief zunächst mitten durch die Zivilsiedlung *(vicus)* und führte in südöstlicher Richtung weiter zur Etappenstation *ad*

Isaram-Altheim/Landshut an der Isar. Während der kurzfristigen Existenz des Lagers im Unterfeld mag eine Stichstraße die beiden Militäranlagen miteinander verbunden haben.

Von dem unter Kaiser Titus (um 79/81 n. Chr.) gegründeten Holz-Erde-Kastell wurden bislang keine Spuren gefunden. Sie verbergen sich wohl noch unter jüngeren Überresten. Ausgegraben hat man vor allem Teile der Steinarchitektur, die etwa ab der Mitte des 2. Jahrhunderts die älteren Holzbauten ersetzte. Mit gewissen Einschränkungen (s. S. 26) entsprach das Eininger Hilfstruppenlager dem üblichen Kastellschema der mittleren Kaiserzeit (Abb. 12–15). Im Grundriß rechteckig geschnitten, betrug die Länge in Nord-Süd-Richtung 147 m, die Ost-West-Breite 125 m, der Flächeninhalt mithin 1,8 ha. Wie üblich waren die Ecken abgerundet. Die Wallmauern wiesen eine durchschnittliche Stärke von 1,4 m auf. Ihnen lagerte zur Innenseite eine geböschte Erdanschüttung *(agger)* vor. Beide Mauerwangen waren mit Handquadern verkleidet. Insgesamt besaß das Kastell 18 nach innen gerichtete Türme, nämlich für die vier Tore je zwei Tortürme, vier Ecktürme und dazwischen jeweils noch einen Zwischenturm. Die Ecktürme zeigten eine trapezoide Grundfläche, die übrigen Türme waren rechteckig. Alle Türme wurden vom Lagerinneren her durch ebenerdige Eingänge betreten, im Inneren befanden sich Holzstiegen zum Erreichen der Obergeschosse. Das zur Donauseite gewendete Westtor *(porta decumana)* war für nur eine Fahrspur angelegt; ohnehin folgte ja gleich der Steilabfall. Das gegenüberliegende Osttor *(porta praetoria)* wie auch die Süd- und Nordtore *(portae principales dextrae et sinistrae)* besaßen dagegen zwei durch Mittelpfeiler getrennte Durchfahrten. Die schweren Torflügel bewegten sich in mächtigen Pfannensteinen. Die ursprüngliche Höhe der Mauern ist auf rund 5 m, die der Türme auf mindestens 8 m zu veranschlagen. Mauern und Türme waren von Zinnen bekrönt, wie mehrfach aufgefundene, halbrunde Zinnensteine beweisen. Hinter diesen führte der Wehrgang auf dem Kamm des Agger entlang. In gleicher Höhe befanden sich an den Turmseiten kleine Türen, so daß die Wachen bequem um das ganze Lager herum marschieren konnten. Wenigstens einmal wurde die Mauer noch in der mittleren Kaiserzeit grundlegend repariert und teilweise erneuert.

Zwei Wehrgräben von jeweils 8 m Breite und knapp 4 m Tiefe, bis in den blanken Fels eingeschlagen, sicherten die Fortifikation weiter ab. Diese waren vermutlich vor den Toren von Erdbrücken unterbrochen. Vor der Westseite setzten die Gräben aus, da hier der Steilabfall ein hinreichendes Annäherungshindernis bot.

Die Innengliederung des Lagers bezog sich auf das zentrale Kommandanturgebäude *(principia)*. Von diesem aus führten die Hauptlagerstraßen *(via praetoria, via decumana, via principalis)* zu den Toren. Am Fuß des Agger zog

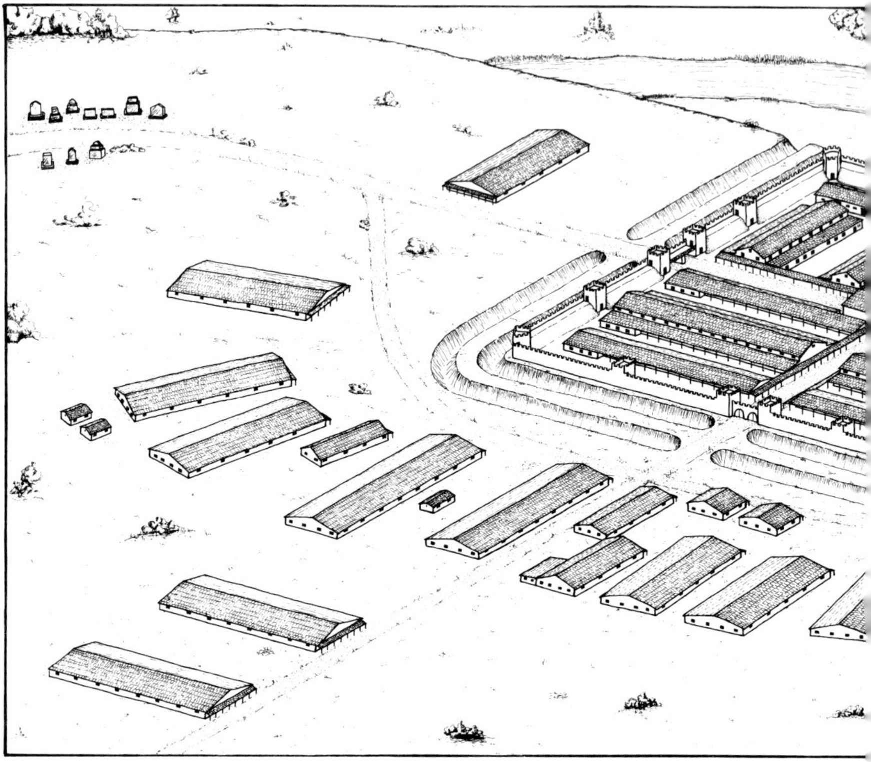

Abb. 13 Rekonstruktion des Auxiliarkastells von Eining mit ziviler Bebauung und öffentlichen Gebäuden. Die Ansicht gibt vor allem die Situation während der mittleren Kaiserzeit wieder; einzelne der dargestellten Gebäude wurden aber erst in der Spätantike errichtet bzw. wiederhergestellt oder durch Anbauten erweitert (Zeichnung R. Bäumler)

eine Rundumstraße *(via sagularis)* entlang, die für Appelle, aber auch zur raschen Bereitstellung der Truppen im Verteidigungsfall diente. Die von den vier kreuzförmig angelegten Hauptstraßen begrenzten Quartiere waren durch Gassen weiter unterteilt. Die vordere, in Eining also östliche, Lagerhälfte hieß *praetentura*, die hintere *retentura*. Die Bezeichnung leitet sich von lat. *tentorium* (Zelt) ab, weil sich dort u. a. die Mannschaftsbaracken bzw. in rasch aufgeschlagenen Marschlagern die Zelte der Soldaten befanden.

Außer den Truppenunterkünften enthielten die römischen Kastelle je nach Größe und Sonderaufgaben eine Reihe weiterer Dienstgebäude. Die immer

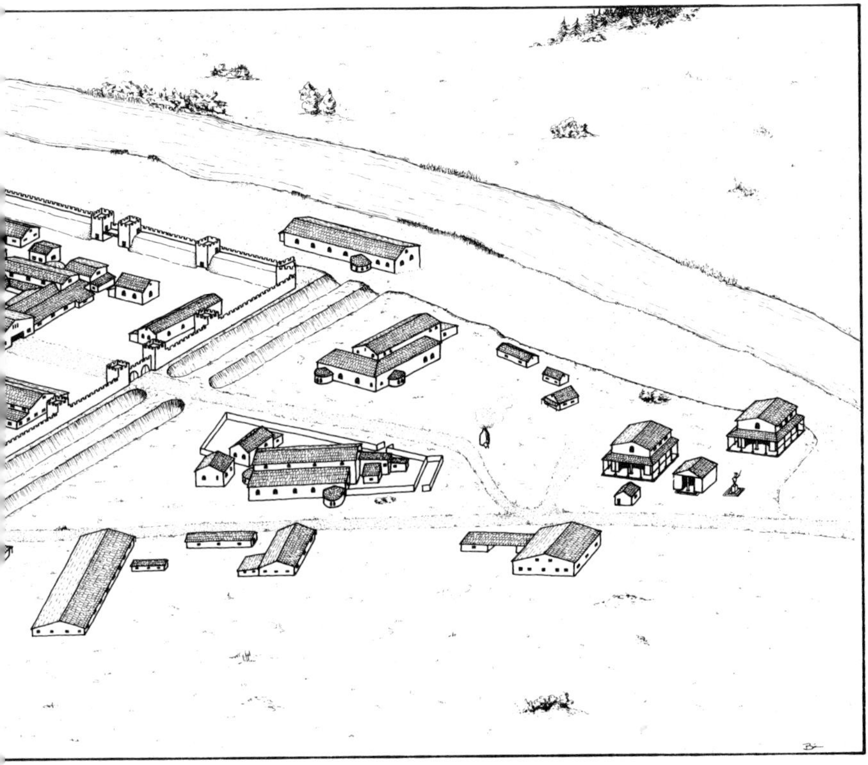

im Lagermittelpunkt gelegenen Principia (Abb. 16) sind schon genannt worden. Sie nahmen das Fahnenheiligtum *(capitolium)* mit den Standarten der örtlichen Einheit und dem Standbild des regierenden Kaisers auf. Reste einer überlebensgroßen, bronzenen Kaiserstatue wurden auch in Eining gefunden. Außer dem Capitolium gab es in den Principia noch Büros für die Verwaltung *(tabulariae)*, Versammlungsräume für Offiziere und Unteroffiziere *(scholae)* und Waffenkammern *(armentaria)*. Auch das Kriegsgericht *(tribunal)* tagte hier. Häufig – so auch in Eining – existierte unter dem Fahnenheiligtum ein Keller, in dem die Soldkasse versteckt war.

Der Soldat bekam einen Teil seiner Löhnung in Naturalien (Getreide, Wein, Käse u. a.) ausgezahlt. Das dafür eingerichtete Lagerhaus *(horreum)* befand sich in der Regel neben den Principia. In Eining sind freilich dessen Mauern beim Ausheben des Wehrgrabens für das spätantike Kleinkastell in der Südwestecke fast vollständig abgetragen worden.

Auf der gegenüberliegenden Seite des Kommandanturgebäudes, in Eining

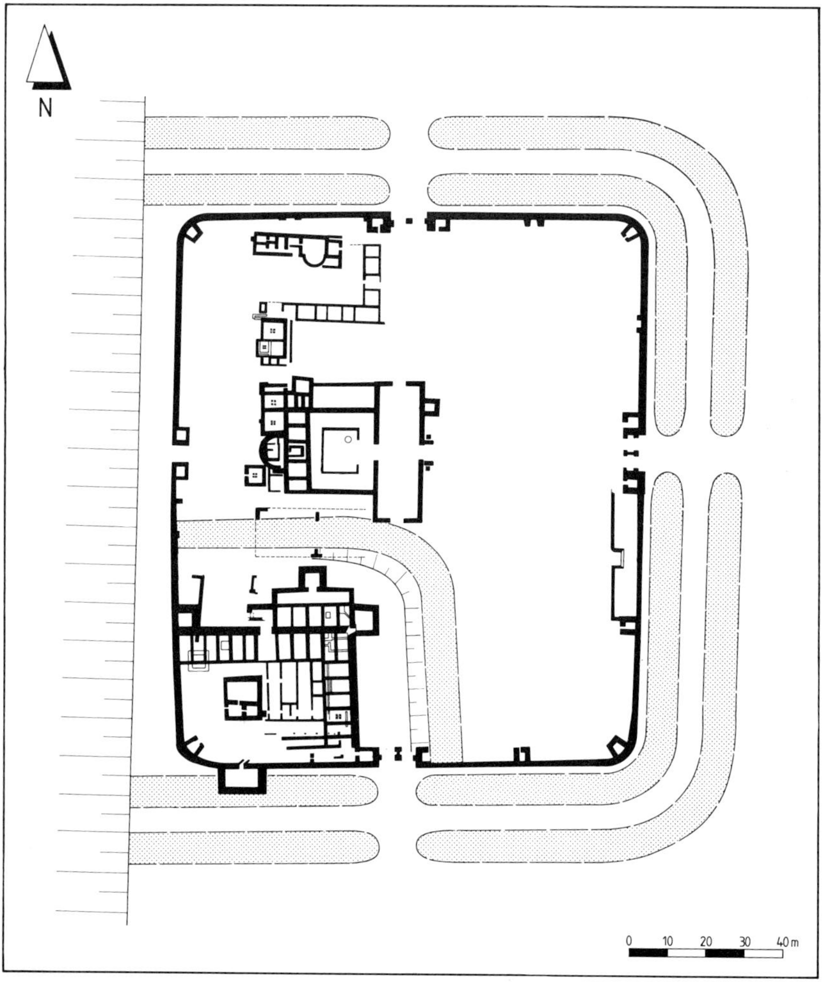

Abb. 14 Kastell Eining. Eingetragen sind alle durch die Ausgrabungen 1879 bis 1920 festgestellten Bebauungsspuren der mittleren und späten Kaiserzeit. Das in die Ruinen des mittelkaiserzeitlichen Auxiliarkastells eingebaute spätantike Kleinkastell in der Südwestecke ist durch einen eigenen Graben abgeteilt. Der Verlauf der beiden mittelkaiserzeitlichen Wehrgräben wurde erst durch die Grabung Th. Fischer 1979 endgültig gesichert (nach G. Ulbert u. Th. Fischer; Zeichnung R. Röhrl)

Abb. 15 Kastell Eining im Luftbild. Deutlich zeichnen sich die restaurierten Mauerzüge des Auxiliarkastells mit dem später eingebauten, spätantiken Kleinkastell in der Südwestecke im frisch gefallenen Schnee ab; vor der Nordfront die beiden öffentlichen Gebäude: ein Rasthaus (*mansio*) und ein großes Badehaus (Thermen). Der heutige Verlauf der Landstraße von Bad Gögging über Eining nach Kelheim deckt sich einigermaßen mit der alten Römerstraße; links im Bild der Steilabfall zur Donau mit dem Abenskanal

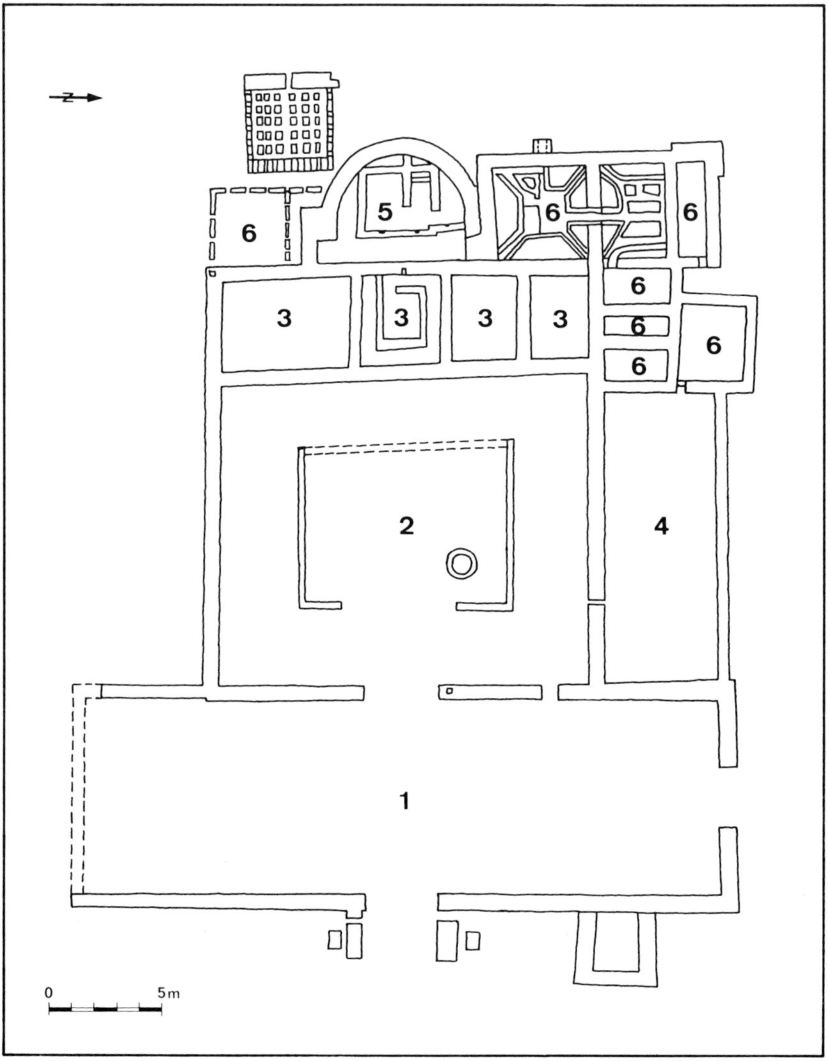

Abb. 16 Das im Zentrum des Kastells Eining gelegene Kommandanturgebäude. Die Steinbauten wurden während der mittleren Kaiserzeit (um 150 n. Chr.) errichtet, in der Folge jedoch mehrfach wiederhergestellt und erweitert. Man betrat die Principia von Osten, im Bild von unten her, und gelangte zunächst in eine große Vorhalle (1). Über einen von Säulenreihen flankierten Freihof mit Brunnen (2) erreichte man einen mehrräumigen Quertrakt (3). Seitlich schloß sich eine große Waffenkammer (4) an. In den hinteren Raumfluchten befanden sich das Fahnenheiligtum (5) sowie die teils beheizbaren Büros (tabularia), Versammlungsräume (scholae) und das Tribunal (6; Zeichnung R. Bäumler)

vermutlich nördlich von dieser, wohnte der Lagerkommandant in seinem luxuriös gestalteten *praetorium* mit freiem Innenhof *(peristyl)*. Schließlich gehörten auch Werkstätten *(fabricae)*, ein Lazarett *(valetudinarium)* und ein Arrestgebäude *(carcer)* zur Ausstattung wichtigerer Kastelle. Die relative Größe des Eininger Lagers erklärt sich aber auch daraus, daß hier berittene Einheiten untergebracht waren, für die Pferdeställe benötigt wurden.

Die Mannschaften waren in langgestreckten Baracken untergebracht. Diese faßten durchweg die 80 Mann starke Kampftruppe einer Hundertschaft *(centuria)*. Sie waren in meist zehn Stuben für jeweils acht Soldaten aufgeteilt *(contubernium)*. Dem einfachen Dienstgrad standen mithin nur 2 qm Wohn- und Schlaffläche zur Verfügung. Der Hauptmann wohnte in einem etwas geräumigeren Anbau an der Kopfseite der Baracke. In Reiterkastellen kamen jeweils zwei Reiterzüge *(turmae)* auf eine solche Baracke. Diese besaßen dann zwei Kopfbauten für die beiden Rittmeister *(decuriones)*.

Von dieser soeben genannten Lagereinrichtung sind in Eining nur die Principia einigermaßen festgestellt worden (Abb. 16). Von dem heute sichtbar konservierten Grundriß gehört indes nur der Mittelbau zum mittelkaiserzeitlichen Kastell. Die östliche große Halle sowie die beiden nördlichen und westlichen Trakte wurden erst in der Spätantike gebaut.

Zu jedem römischen Lager gesellte sich ein öffentliches Badegebäude *(thermae)*. Es lag meist außerhalb des Kastells und diente nicht nur der Körperpflege, sondern vor allem der Kommunikation. Es bildete den allgemeinen Treffpunkt der Soldaten und der Zivilbevölkerung. Hier begegnete man sich, um zu plaudern, um Geschäfte abzuwickeln, um sich zu erholen, um sich verwöhnen zu lassen und um Kontakte jeder Art zu knüpfen. Eine römische Garnison ohne ein solches Freizeitzentrum ist undenkbar.

Eining besaß drei Bäder, die nacheinander in Benutzung waren. Weitere Badestuben mögen sich auch in den größeren Häusern des Vicus befunden haben. Diese trugen aber mehr privaten Charakter.

Das älteste Badehaus lag am Uferhang unterhalb der Westfront des Lagers (Abb. 12). Das Gebäude hatte eine Länge von über 40 m. Die Tiefe ließ sich nicht mehr bestimmen, da der Weststreifen zum Zeitpunkt der Ausgrabung (und vielleicht schon in antiker Zeit) abgeschwemmt war. Sein Niveau erhob sich nur 1,5 m über den Normalpegel der Donau, so daß wohl wegen Hochwassereinbrüchen dieses Bad alsbald wiederaufgegeben wurde. Immerhin ließen sich noch sechs Räume, einer davon mit Apsis, feststellen.

Zuletzt muß sich in dem bereits ruinösen Gemäuer eine Münzfälscherbande eingerichtet haben. Man fand dort nämlich eine zweiteilige, tönerne Gußform für Falschgeld (das echte Geld wurde immer geprägt!) mit dem Abdruck eines Denars des Kaisers Geta (210/212 n. Chr.; Kellner 1970, Nr. 2040). Heute sind die Reste dieser Thermen kaum noch zu erkennen.

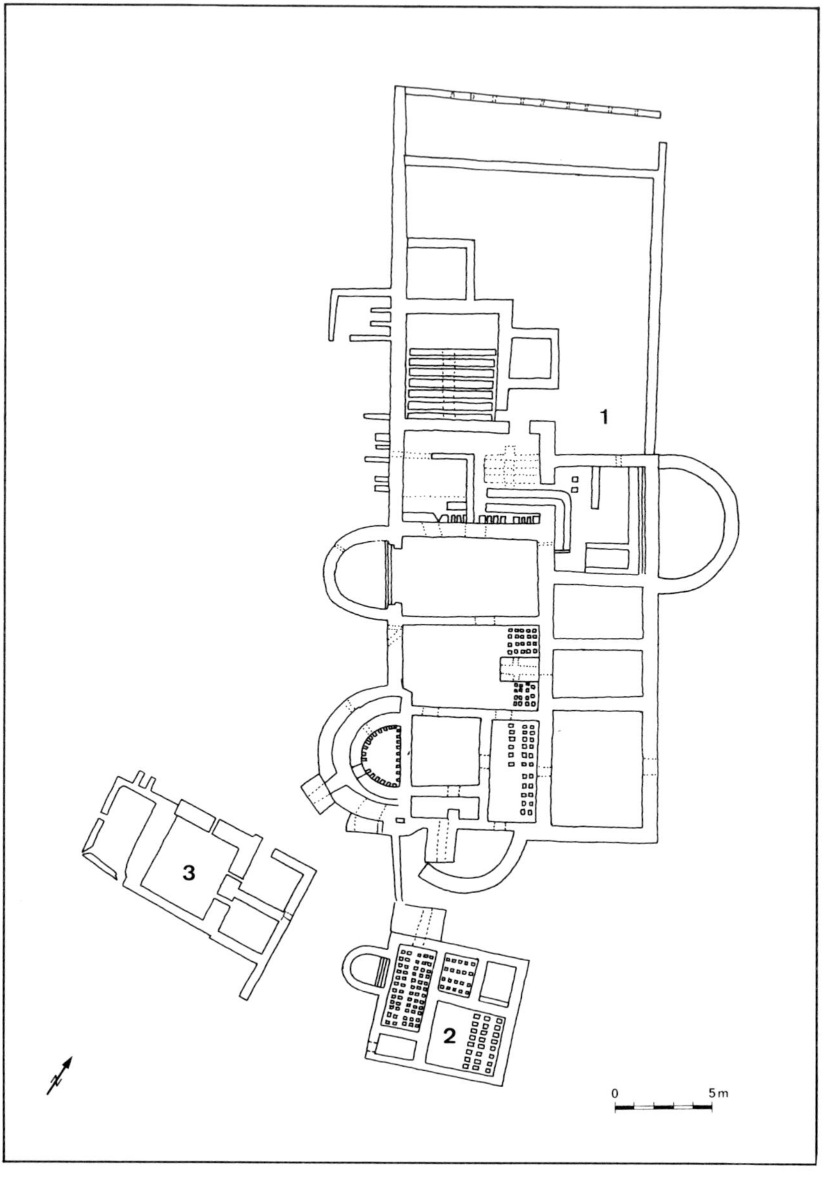
1
2
3
0
5 m

Die Thermen in der Donauniederung wurden zu einem derzeit nicht näher bestimmbaren Zeitpunkt (vor 150 n. Chr.?) durch einen Neubau vor der Nordfront des Auxiliarkastells ersetzt. Die Ausrichtung der Fassade orientierte sich am Verlauf des Nordschenkels der Umgehungsstraße (etwa unter der heutigen Landstraße) und nicht, wie man eigentlich erwarten würde, an der Ausfallstraße des Lagers. Das Bad (Abb. 17) wurde höchstwahrscheinlich im Verlauf der Alamannenkriege spätestens um 260 endgültig zerstört und blieb danach für immer wüst. Seinen Nachfolger, die spätantiken Thermen, bezog man in den Schutz des ehemaligen Hilfstruppenlagers ein (s. S. 67).

So wie sich heute der konservierte Grundriß des Badegebäudes dem Betrachter darbietet, stellt es keineswegs eine einheitliche Anlage dar. Auch die Bausubstanz dieser Thermen erlitt wenigstens einmal, vermutlich während der Markomannenkriege (um 170 n. Chr.), erhebliche Beschädigungen. Über diesem Zerstörungshorizont wurde das Bauwerk wieder hergerichtet, dabei baulich geändert und offensichtlich auch erweitert. Es entstand sozusagen aus seiner Asche größer und schöner als zuvor. Der ältere Bau besaß – ohne Apsiden – eine Länge von etwas mehr als 20 m und eine Breite von 15 m. Nach der Renovierung und dem Anbau des Nordflügels hatten sich die Thermen mit 38 m Länge auf fast die doppelte Ausdehnung erweitert (Abb. 17,1).

Der bauliche Zusammenhang mit dem kleinen, separaten Annexbad (Abb. 17,2) vor der südlichen Schmalseite des großen Badegebäudes ist nicht ganz klar. Paul Reinecke dachte gelegentlich an ein ad hoc für den Besuch des Kaisers Caracalla (213) errichtetes Nobelbad.

Vor diesen beiden Bauten lag noch ein dritter Bau (Abb. 17,3), das sogenannte »Veteranenhaus«, das sich in seiner Flucht nun wieder nach der Lagertorstraße ausrichtete. Möglicherweise gehörte es irgendwie zu den

◁ Abb. 17 Grundriß der vor der Nordfront des Lagers Eining gelegenen großen Thermen. Auch dieser Baukomplex (1) wurde im Laufe der Zeit mehrfach wiederhergerichtet und erweitert, jedoch um 260 n. Chr. endgültig zerstört. Er enthielt einen Umkleideraum (apodyterium), ein Kaltbad (frigidarium) mit Kaltwasserwanne (piscina), ein Laubad (tepidarium), ein Heißbad (caldarium), ein Schwitzbad (sudatorium) und eine Heizanlage (praefurnium). Der Verlauf der Wasserzuleitung ist nicht geklärt. Das Abwasser wurde durch einen Kanal in westlicher Richtung zur Donau abgeleitet (vgl. Abb. 18). An die östliche Schmalseite der großen Thermen schloß sich ein kleines separates Badehaus (2), vielleicht für bevorzugte Personen oder höhere Offiziere, an. Die Funktion des dritten Gebäudes ist nicht geklärt; wegen eines dort gefundenen Militärdiploms bezeichnete es die ältere Forschung als »Veteranenhaus« (vgl. auch Abb. 1; Zeichnung R. Bäumler)

Abb. 18 Im Verlauf der Grabungskampagne 1982 wurden zwei Abwasserkanäle des großen Badegebäudes angetroffen. Sie ziehen als dunkle Streifen schräg durch den Grabungsschnitt und entwässern zur Donau. Die beiden Kanäle waren nicht gleichzeitig, sondern nacheinander in Betrieb und kennzeichnen damit zwei aufeinanderfolgende Bauphasen der Thermen. Das Wasser wurde durch holzgedeckte Rinnen geführt

Thermen (»Haus des Bademeisters«), da einst ein gemeinsamer Zaun die Anlagen umgab und gegen die Straße abgrenzte.

Man kann sich die Ausstattung der Bäder nicht gediegen genug vorstellen. Die Räume, ausgenommen das Kaltbad, wurden mit Wand- und Fußbodenheizungen erwärmt. Frischwasser und Abwasser (Abb. 18) flossen in einem raffinierten Kanalsystem von Raum zu Raum. Heißwasser wurde in großen, bronzenen Boilern erhitzt und in die Badebecken geleitet. Alle diese technischen Einrichtungen waren für den Badegast unsichtbar angebracht. Das Anschüren der Öfen, die Wartung wie auch die Gebäudereinigung besorgten Sklaven. Fenster mit milchigen Glasscheiben schufen eine anheimelnde Atmosphäre. Entsprechende Glasscherben kamen bei den Ausgrabungen zum Vorschein. Die Wände waren mit bunten Mustern bemalt; auch davon fanden sich Reste.

Hier ließ sich der rauhe Alltag des beschwerlichen Soldatendienstes leicht vergessen. So waren denn auch die beiden Hausaltäre *(arae)* im Umkleideraum nicht den typischen Soldatengöttern Mars und Victoria (Krieg und Sieg) sondern der Fortuna (Glück) geweiht. Die Altäre waren vom Präfekten der 3. Britannerkohorte gestiftet worden, der wohl auch die Wiederherstellung des Badegebäudes nach den Schäden der Markomanneneinfälle maßgeblich vorangetrieben hatte.

Das Rasthaus

Gegenüber den großen Thermen, auf der Westseite der Nordtorstraße, lag ein weiteres repräsentatives Gebäude, das von der älteren Forschung als Wohnhaus (»Villa«) bezeichnet wurde (Abb. 19). Indes kann kein Zweifel bestehen, daß es sich nach Größe, Grundrißtyp und Raumaufteilung um ein sogenanntes »Rasthaus« *(mansio)* handelte. Der Bau hatte eine Länge von über 36 m und eine größte Breite von 26 m. Es ist nicht ganz sicher, ob der Langbau, so wie er heute in konserviertem Zustand vor uns liegt, vollständig ausgegraben wurde. Auch dieses Bauwerk weist eine komplizierte Baugeschichte auf. Allem Anschein nach lassen sich drei Bauphasen sondern. Der erste Bau war mit 17 × 12,5 m Grundfläche noch nicht sehr groß. Später wurde er durch Anbauten erheblich erweitert. Als letztes fügte man den geräumigen Saalbau vor der westlichen Schmalseite an. Möglicherweise waren dieselben verheerenden Begebenheiten, von denen auch die großen Thermen und das Kastell im Verlauf der verschiedenen Germaneneinfälle betroffen wurden, die Ursache für diese Renovierungen, wobei man gleich für notwendig gewordene Erweiterungen sorgte. Denn auch im Rasthaus ließen sich während der Ausgrabungen die Spuren gewaltsamer Zerstörungen nicht übersehen.

Fast alle Räume der Mansio waren beheizbar. Heute sieht man im Gelände fast nur noch den Kellerhorizont der Unterfußbodenheizungen *(hypocaustum)*. Das Gebäude enthielt auch einen Badetrakt mit Kalt- und Warmwasserwannen.

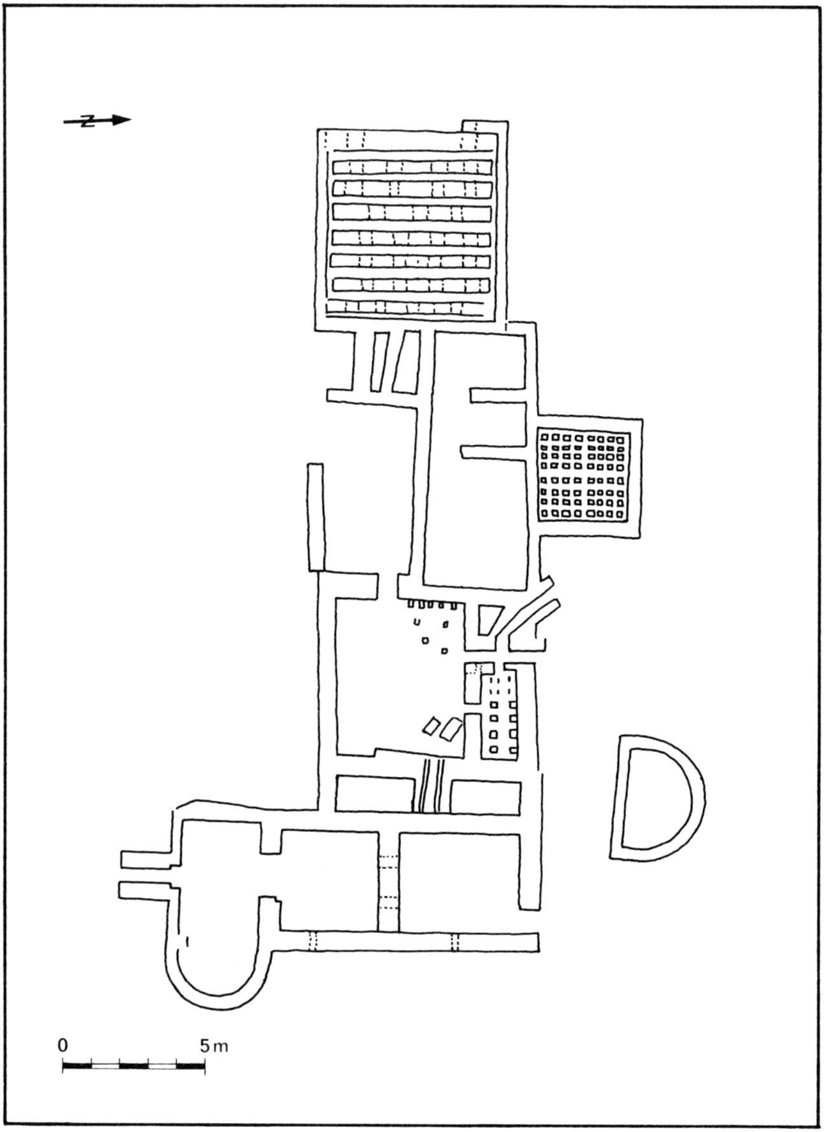

Abb. 19 Grundriß des vor der Nordfront des Lagers gelegenen Rasthauses mit teilweise beheizbaren Räumen. Die Mansio stand Reisenden im amtlichen Auftrag für Aufenthalt, Erfrischung (sie enthielt auch Baderäume) und Übernachtung zur Verfügung (Zeichnung R. Bäumler)

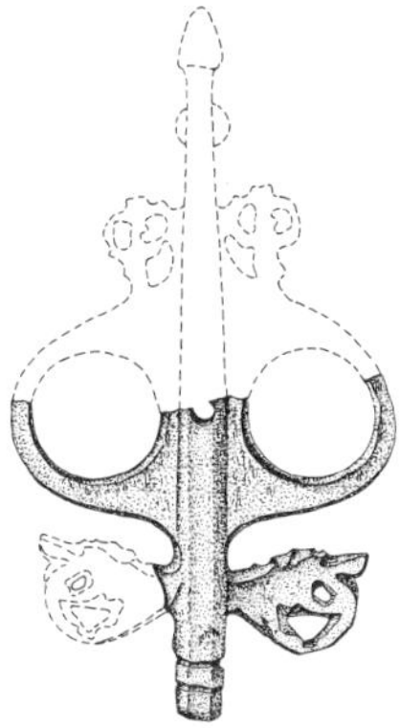

Abb. 20 Riemenbeschlag für den Schwertgurt (balteus) in Form einer Benefiziarierlanze aus Eining; nach besser erhaltenen Stücken von anderen Fundorten zeichnerisch ergänzt. Der Balteus-Beschlag kennzeichnete den Benefiziarier – eine Art Militärpolizist – im »kleinen Dienstanzug«. Das eigentliche Dienstabzeichen, die große, prachtvoll verzierte Benefiziarierlanze, wurde nur bei besonderen Anlässen mitgeführt. Bronze, verzinnt; erhaltene Höhe noch 5,2 cm (Zeichnung M. Kemper)

Solche öffentlichen Unterkunfts- oder Rasthäuser gab es in regelmäßigen Abständen an allen Fernstraßen des Römischen Reiches, insbesondere aber an den wichtigen Verkehrsknotenpunkten sowie bei jeder größeren Ansiedlung. Damit war Abusina für den Standort einer derartigen Einrichtung geradezu prädestiniert. Hier übernachteten Reisende in dienstlichem Auftrag, hier gab es eine Post- und Nachrichtenzentrale, und hier befanden sich die Umspannstationen für den offiziellen Personenverkehr. Die Aufrechterhaltung von Ordnung und Disziplin oblag einer eigenen Charge, dem Benefiziarier (wörtlich »Wohltäter«), die als »Freund und Helfer« der Reisenden eine Art Straßenpolizei bildete. Die Existenz eines Benefiziarierpostens in Eining ist durch den Fund eines Benefiziarierabzeichens gesichert (Abb. 20).

Die zivile Siedlung

Alle längerfristig belegten römischen Militärlager besaßen eine umgebende Siedlung für die Zivilbevölkerung *(vicus)*. Dort ließen sich häufig auch aus dem aktiven Dienst geschiedene Veteranen nieder. In Eining erkennen wir dies besonders deutlich, weil hier nicht weniger als zehn bronzene Entlassungsurkunden *(Militärdiplome)* für Soldaten im Bereich des Vicus gefunden wurden (Abb. 37). Darüber hinaus gab es zahlreiche gewerbliche Betriebe und Werkstätten, die in erster Linie die Versorgung der Truppe sicherzustellen hatten, aber auch den Bedürfnissen der Zivilisten zugute kamen. Nicht selten wurden in kritischen Zeiten die wichtigsten Einrichtungen, vor allem die Produktionswerkstätten und Reparaturbetriebe für Waffen und sonstige militärische Ausrüstungsgegenstände *(fabricae)*, in das Innere der Kastelle verlegt. Im Vicus wohnten auch die Familien der Truppenangehörigen, während die Soldaten selbst in der Kaserne schlafen mußten.

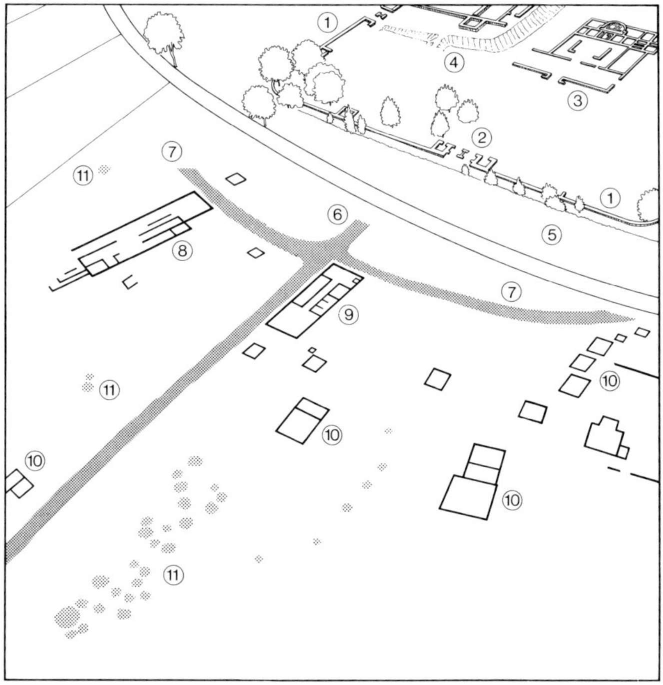

Abb. 21 Umzeichnung von Luftbildbefunden aus der Zivilsiedlung (vicus) östlich des Kastells Eining. Erkennbar sind die steinerne Umfassungsmauer des Kastells (1), das Haupttor (porta praetoria; 2), das Kommandanturgebäude (principia; 3), das spätantike Kleinkastell (4), die Lage der Wehrgräben (5), die römischen Straßenzüge (6–7) und mehrere Steingebäude (8–10; vgl. auch Abb. 22). Verschiedene Keller, Gruben und Brunnen (11) weisen auf zusätzliche, im Luftbild nicht erkennbare Holzhäuser hin (nach Christlein u. Braasch; Zeichnung I. Koschorreck)

Die Ansiedlung beim Kastell bildete zumeist auch den zentralen Marktort für die im Umland wohnende bäuerliche Bevölkerung. Hier wurden Vieh und landwirtschaftliche Güter gehandelt. Nicht selten befand sich auch ein Tempelbezirk am Rande des Vicus. In Eining deuten aus Luftbildern erschlossene quadratische Grundrisse von Steinbauten darauf hin, daß ein solches Heiligtum nördlich des Lagers über der Donaufurt stand (Abb. 12–13). In die gleiche Richtung weist auch eine Reihe von Votivgaben (Abb. 40,1), die bei den neuen Grabungen 1982 zutage kam.

Bei größeren Lagern und solchen, die sehr lange militärisch besetzt waren, entwickelten sich die Vici manchmal zu stadtartigen Ansiedlungen. Bisweilen blieben diese Gemeinwesen bestehen, auch wenn die Soldaten den Platz längst verlassen hatten. Da in Abusina von ihrer Gründung an bis zum bitteren Ende in der Mitte des 5. Jahrhunderts das Militär garnisonierte, gewann die zivile Siedlung in der Blütezeit der Provinz Rätien eine beachtliche Größe. Mit dem Kastell im Zentrum betrug die Nord-Süd-Ausdehnung in den besten Zeiten etwa 1 km, in Ost-West-Richtung rund 400 m. Da sich wegen des Donauufers die Siedlung nicht nach Westen ausbreiten konnte, besaß sie eine Grundfläche von etwa halbmondförmiger Gestalt (Abb. 11). Dies weiß man aus mehreren kleinen Grabungen, von oberflächlich aufgesammelten Funden und auch aus Luftbildern (Abb. 21).

Ebenfalls auf Luftbildern zeichnet sich am Ostrand des Vicus eine eigentümliche, mauerartige Struktur ab (Abb. 12); eine weitere zieht am Südrand bogenförmig zur Südostecke des Kastells. In nördlicher Richtung schließt sich bemerkenswerterweise ein rund 150 m langes Mauerstück an, das W. Schreiner bereits um 1880 im »Freitingerfeld« beobachtet und auf seinem Plan (Abb. 2) eingetragen hatte. Es erscheint demnach nicht ausgeschlossen, daß der Eininger Vicus wohl unter dem Eindruck der ersten Germaneneinfälle eigens von einer Wehrmauer umschlossen wurde.

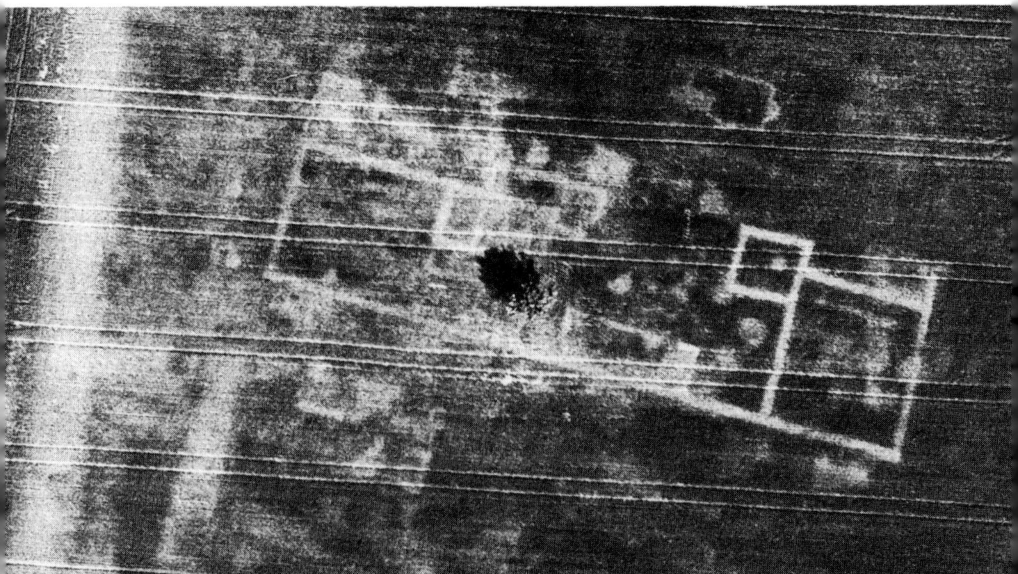

Abb. 22 Deutlich zeichnet sich im Luftbild der Grundriß eines großen, in Stein gebauten Hauses innerhalb der zivilen Siedlung östlich des Kastells Eining ab (= Gebäude Nr. 8 auf Abb. 21); links im Bild das helle Band der Römerstraße. Länge des Gebäudes ca. 50 m, Breite ca. 16 m

Abb. 23 Grabungen im Kastellvicus 1982 auf der Fläche des späteren Parkplatzes neben der Landstraße Eining – Bad Gögging: im Bildvordergrund das kleine beheizbare Gebäude einer Knochenleimsiederei

Die Zivilsiedlung war durch die vom Kastellschema vorgegebenen Hauptstraßen und durch Seitengassen in einzelne Quartiere *(insulae)* gegliedert. Da sich die östliche Bebauung an der Umgehungsstraße zu orientieren hatte, entstand der für Eining charakteristische, fächerförmige Grundplan (Abb. 11, 13, 21).

Der überwiegende Teil der Gebäude bestand aus Holz mit Lehmfachwerk und ist daher im Luftbild nicht auszumachen (Abb. 21, 11). Daneben gab es aber auch eine Reihe repräsentativer Steinbauten, die Längen bis zu 50 m und mehr aufwiesen (Abb. 22). Einzelne Häuser besaßen Steinkeller oder gemauerte Badetrakte. Deshalb gibt der Luftbildbefund nur einen sehr ungleichmäßigen Eindruck von der ursprünglichen Bebauungsdichte um das Lager herum. Eine Rekonstruktionszeichnung (Abb. 13) zeigt, wie man sich den Vicus in etwa vorzustellen hat; freilich muß man sich die Häuser viel enger gestellt denken, da ja die Holzbauten nicht aufgenommen werden konnten.

Abb. 24 Grabungen im Kastellvicus 1982: Grundriß des kleinen beheizbaren Steingebäudes einer Knochenleimsiederei; im Vordergrund die Heizanlage (praefurnium). Der im Inneren des Hauses liegende Meßstab ist 2 m lang

Abb. 25 Grabungen im Kastellvicus 1982: Grundriß eines rund 7 m langen, birnenförmigen Eisenschmiedeofens mit Schürkanal

Die Untersuchungen 1982, die sogenannte Parkplatzgrabung im Siedlungsbereich vor der Nordfront des Kastells (Abb. 23), gewährten erstmals einen Einblick in die gewerbliche Struktur des Eininger Vicus. Unter anderem legte man einen kleinen beheizbaren Bau frei (Abb. 24), in dessen Umgebung Unmengen von spannenlangen Knochensplittern lagen. Es kann sich dabei nur um eine Knochenleimsiederei gehandelt haben.

Mitten in der Siedlung, und zwar unweit der Nordwestecke der großen Thermen, stand ein ungewöhnlich kompakter, mit Schürkanal fast 7 m langer und im Grundriß birnenförmiger Eisenschmiedeofen (Abb. 25). Dort hatte sich also ein Schmied seine Werkstatt eingerichtet. Zahlreiche Schlakken, Hammerschlagstücke und Eisenbrocken legen zudem hinreichend Zeugnis von seiner Tätigkeit ab.

Aber auch für das leibliche Wohl mußte gesorgt werden. Etwa auf halber Strecke zwischen Eisenschmiede und Leimküche befand sich eine Bäckerei, deren Backofen (Abb. 26) wiedergefunden werden konnte.

Abb. 26 Grabungen im Kastellvicus 1982: Reste eines Backofens mit steingemauertem Sockel und Lehmkuppel

Der Vicus von Abusina erlitt in den Germanenkriegen immer wieder Beeinträchtigungen und wurde während der Alamanneneinfälle um 260 endgültig zerstört. Danach baute man ihn nicht mehr auf. Die Leute, die den feindlichen Überfällen standgehalten hatten, zogen sich hinter die Mauern des Auxiliarkastells zurück.

Das Lager im Unterfeld

Da das römische Lager bei Eining-Unterfeld (Abb. 27) nur höchstens zehn Jahre während der Markomannenkriege (ab ca. 170 n. Chr.) besetzt war, hatte sich, nach allem was wir von Flächenbegehungen her wissen, dort auch keine Zivilsiedlung außerhalb der Umwehrungen gebildet. Die genaue Größe des Lagers anzugeben, ist nicht möglich. Die gesamte Nordwestfront scheint nämlich irgendwann einmal von der Donau weggespült worden zu sein. Erhalten haben sich also nur die Fronten nach Nordosten, Südosten und Südwesten. Bislang fanden nur geringe Schürfungen statt, so daß man über das Lager ziemlich wenig weiß. Mit Sicherheit existierte keine steinerne Wehrmauer. Vielleicht bestand ein Mauerwall aus aufgeschichteten Rasensoden oder eine Holz-Erde-Mauer.

Jedenfalls war die Anlage von einem dreifachen, an den Ecken abgerundeten Grabensystem umgeben. Die innere Grabenkante umschloß eine annähernd rechteckige Fläche von 328 m Nordost-Südwest-Ausdehnung und eine solche von 320 m in Nordwest-Südost-Richtung. Zu dem letztgenannten Maß muß noch die unbekannt lange, von der Donau abgeschwemmte Strecke hinzugezählt werden. Der erhaltene Flächeninhalt beträgt somit 10,6 ha. Zum Vergleich sei noch einmal auf die Größe des Auxiliarkastells Abusina mit 1,8 ha und beispielsweise auf das für eine komplette Legion erstellte Lager in Regensburg mit 24 ha hingewiesen. Einschließlich des verlorenen Teils konnte Eining-Unterfeld recht genau eine halbe Legion mit rund 3000 Mann beherbergen.

Die Tiefe der drei parallelen Gräben betrug von innen nach außen 2,8 m, 2,4 m und wieder 2,8 m, die Breite in der gleichen Folge ca. 6,5 m, 4,5 m und 4,0 m. Der mittlere Graben war also am seichtesten und der äußere am steilsten angelegt. Mittel- und Außengraben trennte ein Abstand von 2,5 m; Mittel- und Innengraben lagen mit 4,5 m Distanz wesentlich weiter auseinander.

Von den vier Lagertoren wurde zwar noch nichts ergraben, doch läßt sich ihre Lage ohne weiteres rekonstruieren. Die beiden Nebentore müssen dort gestanden haben, wo heute die Landstraße das ehemalige Lager durchschneidet. Dies bedeutet zugleich, daß der Weg zwischen Eining und Weltenburg

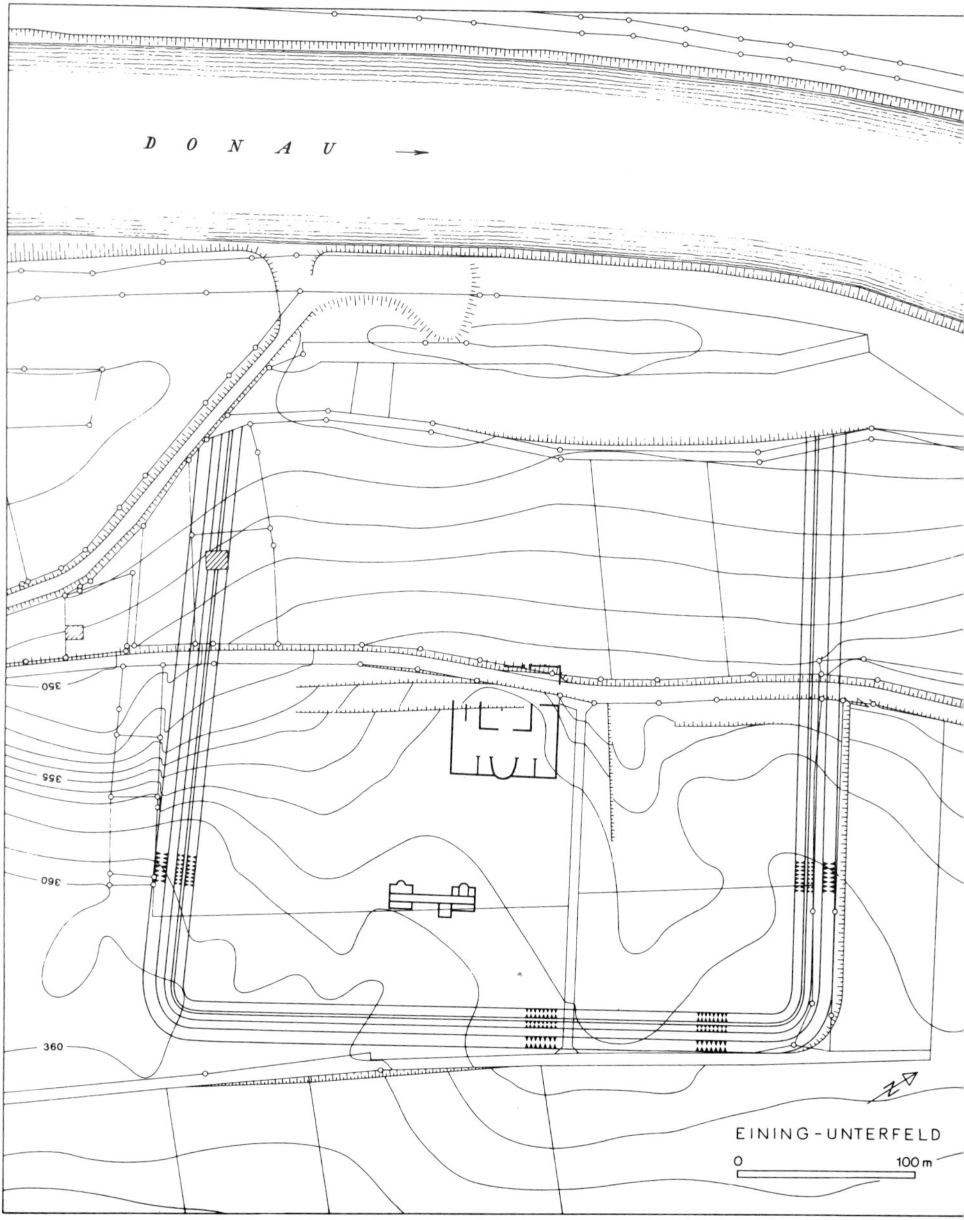
D O N A U
350
355
360
360
EINING-UNTERFELD
0
100 m

Abb. 28 Erstaunlich klar zeichnet sich im Luftbild der Grundriß eines rund 50 m langen, repräsentativen Steingebäudes innerhalb der römischen Verschanzung bei Eining-Unterfeld ab; offensichtlich das Privatquartier des Lagerkommandanten

im Mittelalter den römischen Straßenzug übernahm. Der Uferstreifen mit den damals sicher noch gut erhaltenen Wällen und Gräben war durch die Torlücken und über die Erdbrücken davor am bequemsten zu queren.

Wenn auch bei den Grabungen im Inneren des Lagers verschiedentlich Mauerreste angeschnitten wurden, so ergaben sich daraus noch keine einwandfreien Gebäudegrundrisse. Erst seit der regelmäßigen Überfliegung des Geländes (O. Braasch) existieren Luftbilder, die einige Klarheit über die Innenbebauung erbrachten (Abb. 28).

Feststellen ließ sich das zentrale Stabsgebäude mit dem Fahnenheiligtum

◁ Abb. 27 Grundriß des römischen Lagers in Eining-Unterfeld. Die Umwehrung bestand in einer aus Rasensoden aufgestapelten Mauer und drei parallelen, vorgelagerten Gräben. Das um 170 n. Chr. errichtete und nur wenige Jahre belegte Lager war von einer aus mehreren Abteilungen der 3. Italischen Legion zusammengestellten Truppe (sog. vexillatio) besetzt. Im Zentrum befindet sich das nach Westen, zur Donau hin orientierte Kommandanturgebäude (principia). Zwischen diesem und der Ostmauer des Lagers liegt ein ebenfalls aus Luftbildern erschlossenes repräsentatives Steingebäude, das als »Legatenpalast«, also als das Wohnhaus des Lagerkommandanten, gedeutet wird (nach R. Christlein u. Th. Fischer; Zeichnung I. Koschorreck)

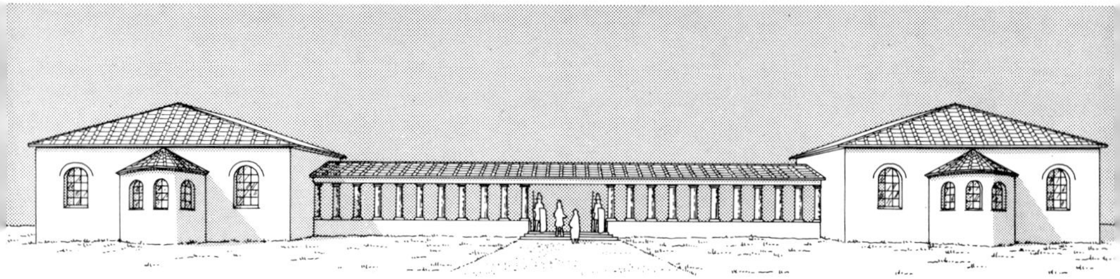

Abb. 29 Rekonstruktion des sog. Legatenpalastes im Lager Eining-Unterfeld. Das Gebäude bestand aus zwei kubischen, an der Fassade mit vorgeblendeten Apsiden (Halbrundbauten) versehenen Baukörpern, die durch einen langen Säulengang miteinander verbunden waren (nach R. Christlein u. O. Braasch; Zeichnung F. Leja)

(kenntlich an der Apsis) im Südosten. Damit ist auch die offizielle Orientierung des Lagers mit der Prätorialseite nach Nordwesten, also zur Donau und – wie man es auch nicht anders erwartet hätte – zum Feind hin, gesichert. Die Principia wiesen eine Grundfläche von etwa 70 × 70 m auf. Sie besaßen vor der Fassade einen offenen Hallenanbau, durch den die Hauptlagerstraße *(via principalis)* führte. Im hinteren Lagerteil *(retentura)* befand sich ein repräsentatives Steingebäude von rund 50 m Länge, das vorläufig als Wohnpalast des Kommandanten *(praetorium)* angesprochen wird (Abb. 28, 29).

Vermutlich stand in der Ostecke der Verschanzung eine Fabrica für Waffenherstellung. Dort fand man nämlich oberflächlich massiert zahlreiche Schlackenstücke, Gußabfälle und Bronzeblechschnipsel.

Das Heiligtum auf dem Weinberg

Bei den Ausgrabungen auf dem Weinberg kamen die Grundrisse dreier Gebäude zutage, die sich in ihrer Funktion recht gut bestimmen ließen (Abb. 30, 31). Es handelte sich einmal um einen kleinen Tempel, dessen Cella eine rechteckige Grundfläche von 3,5 × 4,3 m besaß und dessen in

Abb. 31 Rekonstruktion des Tempelbezirks auf dem Weinberg bei Eining (vgl. Abb. 30). ▷
Über dem Türsturz des großen Firsthauses befand sich eine Bauinschrift aus den Jahren 226/229 n. Chr. Die Grundmauern des kleinen Nebengebäudes sind hier als Wachtturm ergänzt. Das Mars-Victoria-Heiligtum mit dem Vorhof liegt vorn links im Bild. Der im Verlauf der Alamanneneinfälle spätestens um 260 n. Chr. zerstörte Weihebezirk erfuhr im frühen Mittelalter (um 600) eine erneute Nutzung als christliche Kultstätte (Zeichnung R. Bäumler)

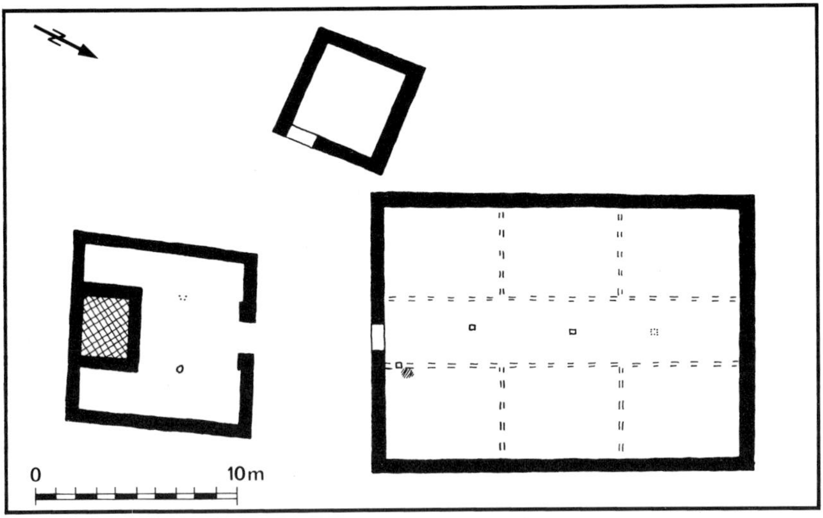

Abb. 30 Grundriß des Tempelbezirks auf dem Weinberg bei Eining (vgl. auch Abb. 31). Das große Gebäude dient als Unterkunftshaus und war in mehrere Räume gegliedert. Dessen Tür gegenüber lag der von einer Mauer umgebene Tempel. Dort fanden sich auch die beiden absichtlich beschädigten Standbilder des Mars und der Victoria (vgl. Abb. 32 und 33). Das kleine Nebengebäude entspricht in Größe und Grundriß einem Limes-Wachtturm (nach P. Reinecke)

Abb. 32 Statuette der Victoria vom Tempelbezirk auf dem Weinberg bei Eining; Kopf und rechte Hand fehlen. Die geflügelte Göttin steht mit dem linken Bein auf der Kugel (Globus) und trägt in der linken Hand den Palmzweig. Die unbearbeitete Rückseite läßt vermuten, daß die Figur unmittelbar an die Rückwand des Tempelchens gelehnt stand. Hellbeiger Kalkstein, Höhe noch 0,48 m

sauberer Fischgrättechnik errichtete Mauern noch bis zu 0,5 m Höhe erhalten waren. Das Innere des Heiligtums war podiumartig erhöht und konnte über ein paar Stufen betreten werden. Die Cella umgab ein niedriges Mäuerchen mit dem Eingang von Osten her. Glücklicherweise fanden sich auch die beiden ehedem an der Rückwand des Heiligtums aufgestellten Kultbilder des Mars und der Victoria (Abb. 32, 33), so daß die Weihegötter des Tempelchens bekannt sind. Wie in der Nachbarschaft großer militärischer Anlagen

Abb. 33 Die Statuette des Mars vom Tempelbezirk auf dem Weinberg bei Eining; Kopf und rechte Hand fehlen; sie sind wohl wie die seiner Kultgenossin bei der Zerstörung des Weihebezirks von Eiferern absichtlich abgeschlagen worden. Wie bei der Victoriafigur (vgl. Abb. 32) ist auch hier die Rückseite unbearbeitet. Der Gott trägt einen Panzer mit Pteryges (Flügelfortsätzen) und Laschen; der linke Arm stützt sich auf den Schild; das Schwert hängt an einem breiten Riemen an der linken Körperseite. Die runde Scheibe auf der Brust soll wohl ein Gorgoneion (Haupt der schlangenhaarigen Medusa) andeuten; die verlorene rechte Hand trug den Speer. Hellbeiger Kalkstein, Höhe noch 0,42 m

nicht weiter verwunderlich, verehrte man auf dem Weinberg die bezeichnenden Soldatengötter.

Das zweite Gebäude hatte deutlichen Bezug zum Kultbau, denn die beiden Zugänge lagen einander gegenüber, und auch die Baufluchten stimmten ziemlich überein. Das große Haus zeigte Ausmaße von 14,0 × 19,0 m. Den First des Satteldaches trugen drei schwere Holzständer. Das Gebäude besaß einen etwa 3 m breiten Mittelgang, in dem auch die Dachstützen standen.

Die beiden Langseiten waren in je drei Räume von 4,5 m Breite und fast 6 m Länge gegliedert. Eines dieser Zimmer enthielt eine Herdstelle. Der Bau wird als Unterkunftshaus für Soldaten gedeutet, die im Wachtturm Dienst taten oder vielleicht auch nur das Heiligtum besuchten.

Über dem Türsturz war eine leider nur fragmentarisch erhaltene Steininschrift angebracht. Sie nannte die Namen der beiden Götter, denen der Tempel zugeeignet war, und den der Truppe, die das Bauwerk errichtet hatte. Nach der aufgeführten Titulatur des Kaisers Severus Alexander wurde das Unterkunftshaus, allem Anschein nach zusammen mit dem Tempel, 226 oder 229 n. Chr. gebaut. Sicherlich besteht ein Zusammenhang mit den in jenen Jahren einsetzenden Alamannenunruhen, in denen man ja der Hilfe und des Schutzes der Götter besonders bedurfte.

Das dritte Gebäude auf dem Weinberg ist mit seiner Grundfläche von 6 × 6 m bei 0,7 m Mauerstärke als Wachtturm anzusprechen. Es wich in seiner Orientierung deutlich von der Ausrichtung der beiden anderen Baulichkeiten ab. Gleichwohl umsäumten alle drei zusammen einen schmalen Hof, zu dem sich auch die Türen öffneten.

Verschiedene Kleinfunde deuten darauf hin, daß zunächst der Turm lange Zeit einsam auf der Höhe stand und das Heiligtum mit dem Unterkunftshaus erst sehr viel später gelegentlich eines besonderen Anlasses gegründet wurde. Der Weihebezirk ging, wenn nicht alles trügt, im Alamannensturm um 260 zugrunde (zur Wiederbenutzung im frühen Mittelalter siehe S. 102).

Gräberfelder

Den römischen Gesetzen entsprechend hatten die Nekropolen außerhalb der Ansiedlungen zu liegen und zwar in der Regel zu beiden Seiten der Ausfallstraßen. Bekanntestes Beispiel ist die Via Appia vor Rom mit den eindrucksvollen Grabdenkmälern.

In Eining ist aufgrund der großen Bevölkerungszahl und nicht zuletzt wegen der Jahrhunderte währenden Besetzung des Platzes mit umfangreichen Friedhöfen zu rechnen. Doch liegen die einstweilen festgestellten Befunde noch weit selbst hinter den bescheidensten Ansprüchen der Forschung zurück.

Von den mittelkaiserzeitlichen Bestattungsanlagen Abusinas wurde erst ein einziges Grab beobachtet (Kellner 1965). Der Tote war nach der in damaliger Zeit herrschenden Sitte auf dem Scheiterhaufen verbrannt worden, die Leichenasche sammelte man in eine tönerne Urne und begrub diese zusammen mit Eß- und Trinkgeschirr in einer kleinen Grube. Als Trachtbeigabe fand sich lediglich eine eiserne Haarnadel, die auf eine weibliche Bestat-

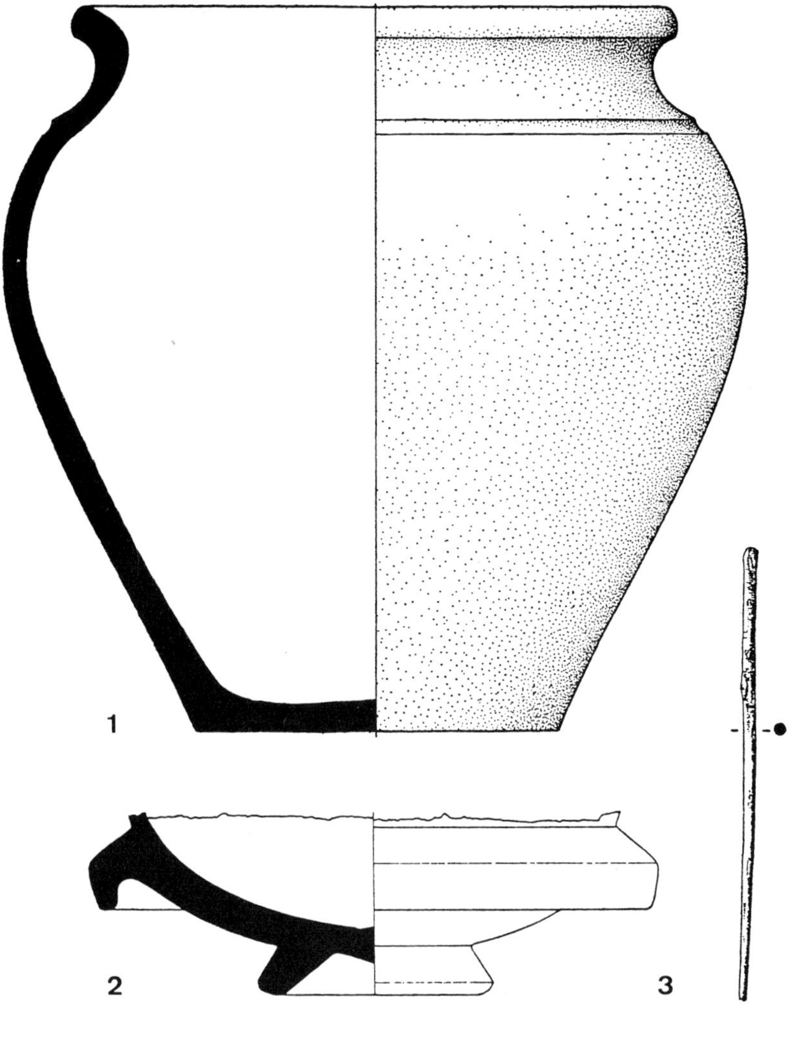

Abb. 34 Beigaben aus einem Brandgrab vom nordöstlichen Rand des Kastellvicus Eining (vgl. Abb. 11f). Da die römischen Gräberfelder grundsätzlich an den Ausfallstraßen der Siedlungen lagen, deutet sich hier eine Route an, die vom Limeskastell Celeusum-Pförring kommend nördlich des Eininger Kastells die Donau querte, um anschließend die Höhe in nordöstlicher Richtung gen Regensburg zu gewinnen. Das Grab enthielt eine Urne von 19,3 cm Höhe (1) mit dem Leichenbrand einer etwa 30jährigen Person, an Beigefäßen u. a. eine Kragenschale aus Terra sigillata vom Ende des 2. Jh. n. Chr. (2) und eine beschädigte Eisennadel von noch 12 cm Länge (3). Maßstab 1:2 (nach H.-J. Kellner)

tung schließen lassen könnte (Abb. 34). Das Grab lag an der Nordostseite des Vicus etwa dort, wo der Verlauf der Römerstraße nach *Reginum*-Regensburg vermutet wird (Abb. 11f). Es weist mit einiger Gewißheit auf ein größeres Gräberfeld an dieser Stelle hin.

Spuren einer zweiten Nekropole fanden sich neben der Straße, die das Auxiliarkastell nach Süden in Richtung Bad Gögging verließ (Abb. 11g; auf der Rekonstruktionszeichnung Abb. 13 links im Bild). Ausgrabungen gab es zwar noch nicht, lediglich in den Äckern erkennt man nach dem Tiefpflügen die typischen Aschenflecke mit einzelnen, sekundär vom Scheiterhaufenfeuer verbrannten Gefäßscherben.

Zumindest ein Teil der Gräber war mit Grabsteinen gekennzeichnet, die bisweilen Reliefschmuck trugen und manchmal auch eine beachtliche Höhe erreichten. Erinnert sei nur an das berühmte Pfeilergrabmal von Igel bei Trier (die »Igeler Säule«). Solche aufwendigen Grabtürme hat es in Eining sicherlich nicht gegeben. Doch kennt man eine Reihe von Grabsteinen, freilich niemals am Bestattungsort selbst, sondern immer nur pietätlos zerschlagen und in späteren Bauwerken als Spolien verbaut vorgefunden.

Ein schon von Apian (s. S. 15) beschriebener Grabstein mit Reliefschmuck – »zwei pilder, ain man, ain frau, in der mit ain kind« – ist verschollen. Er dürfte die Büsten der drei verstorbenen Personen gezeigt haben. Überliefert ist wenigstens der Inschrifttext. Ein zweites Grabsteinfragment kam 1916 bei einer Renovierung der Eininger Dorfkirche im Seitenaltar vermauert zum Vorschein. Er war über dem Grab eines gewissen Publius Afinius, Gardesoldat beim rätischen Statthalter, gesetzt worden. Von einem dritten Grabmal ist nur der bekrönende obere Abschluß in Form eines Pinienzapfens erhalten.

Auf der Vorderseite der Grabdenkmäler waren – aufgemalt oder eingemeißelt – Angaben über den Toten, sein Lebensalter und seine Herkunft, dann der Beruf oder, wenn er Soldat gewesen war, die Laufbahn und der Dienstgrad, gegebenenfalls die Namen mitbestatteter Familienangehöriger und schließlich auch die Namen der Erben, die sich mitunter als Stifter des Grabsteins selbst genannt hatten, zu lesen.

So geben die Grabinschriften nicht nur Auskunft über ganz persönliche Schicksale, sondern auch vielfältige Hinweise auf die Struktur der Verwaltung und des Heeres in den römischen Provinzen.

Gutshöfe in der Umgebung

Noch weitgehend unerforscht sind die zahlreichen Gutshöfe *(villae rusticae)*, die um einen so bedeutenden römischen Ort wie *Abusina*-Eining vorauszusetzen sind. Hier ließen sich die Veteranen auf einheitlich vermessenen Parzellen nieder, die ihnen nach ehrenvollem Ausscheiden aus dem Militärdienst als Teil der Abfindung überlassen worden waren. Durch die Erzeugung von landwirtschaftlichen Produkten wie Lebensmitteln, Textilfasern oder Viehfutter trugen sie zur Versorgung der Truppe und der Bewohner des Lagerdorfes bei. Ein Teil der Erzeugnisse wurde sicherlich als Naturalsteuer direkt den Behörden ausgehändigt. Daneben gab es auch Villen, die handwerkliche Produkte auf den Markt brachten, so befand sich z. B. im Bereich des Gutshofes von Sittling südlich von Eining eine ausgedehnte Ziegelei. Mit der Luftbildarchäologie steht uns seit einigen Jahren ein wirksames Instrument zur Verfügung, mit dessen Hilfe man die noch weitgehend unerkannt im Boden ruhenden Überreste der römischen Villen um Eining wird wiederfinden können. So hat man beispielsweise nordöstlich von Eining bei Holzharlanden-Buchhof aus der Luft einen Gutshof entdeckt, der das typische Hauptgebäude einer durchschnittlichen Villa rustica besitzt. Am flachen Hang zu einem kleinen Bach liegt ein Bau, dessen Hauptfront zwei turmartige, durch eine Säulenhalle verbundene Bauteile (Eckrisaliten) mit dem Haupteingang aufweist. Um einen Hof, den man sich auch überdacht vorstellen kann, gruppieren sich weitere Wohn- und Wirtschaftsräume. Zu einer Villa, die stets mit einer großen Hofmauer umgeben ist, gehören noch zahlreiche Nebengebäude: ein Bad, ein kleiner Tempel sowie verschiedene Ställe, Speicher, Wohngebäude für das Gesinde und Werkstätten; die Wasserversorgung war durch Brunnen gesichert. Schließlich bettete man die Angehörigen der Gutsbesitzersfamilie und auch des Gesindes in einem eigenen kleinen Friedhof, der zum Hof gehörte, zur letzten Ruhe. Nach allem, was wir wissen, hat keiner der Gutshöfe um Eining die Notzeit der Alamanneneinfälle im 3. Jahrhundert überdauert.

Eining in der Spätantike

Nach den verheerenden Zerstörungen der Alamannenkriege setzte man die Wiederherstellung der Kastellruinen energisch in Gang. Die reduzierte Truppe richtete sich in der Südwestecke des ehemaligen Hilfstruppenlagers ein stark befestigstes Kleinkastell ein (Abb. 14, 35). Die Mauern des Auxiliarkastells besserte man notdürftig aus, so daß sich die Soldaten, soweit sie nicht im Kleinkastell Unterkunft fanden, und ebenso die Zivilbevölkerung im Schutz der Umwehrungen ansiedeln konnten. An den Ostmauerwall lehnte man eine gewaltige Plattform als Bastion für Artilleriegeschütze an, die auf 33 m Länge und mit 7 m Tiefe den Raum von der alten Porta praetoria bis zum südlichen Zwischenturm füllte.

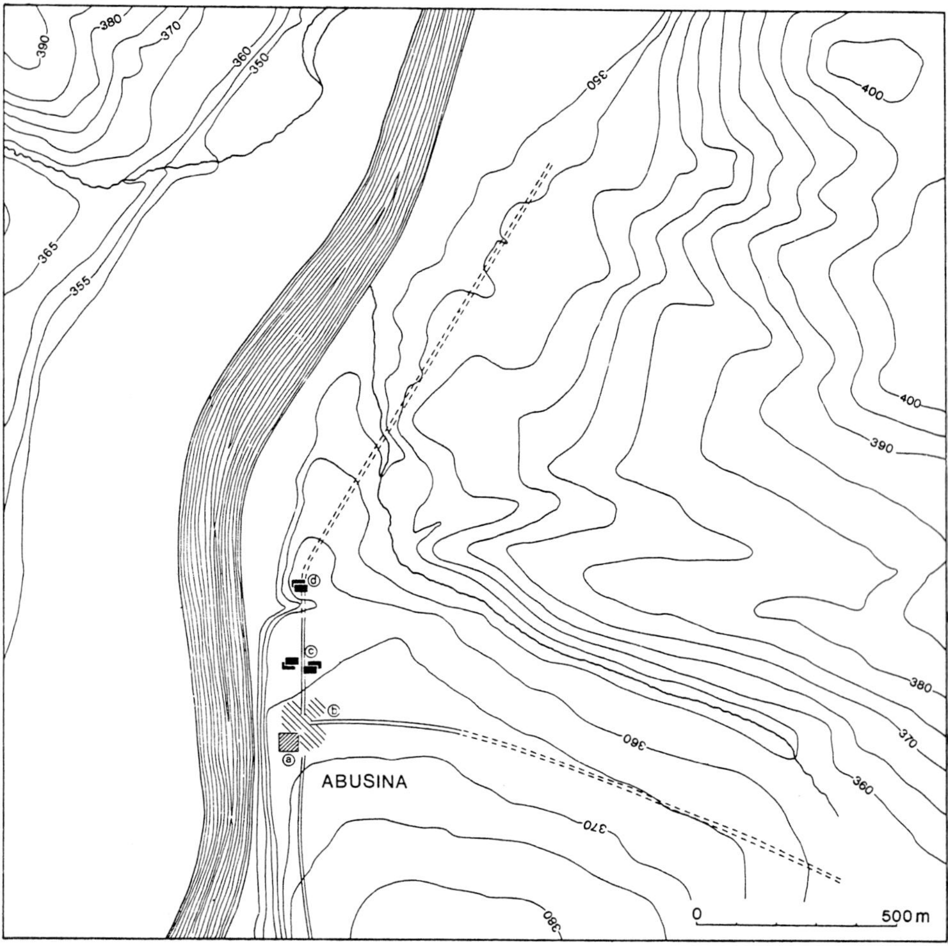

Abb. 35 Die römische Topographie von Abusina-Eining in der Spätantike. Eingetragen sind das in der Südwestecke des mittelkaiserzeitlichen Auxiliarkastells eingerichtete, stark befestigte Kleinkastell (a) sowie schraffiert die spätrömischen Siedlungsspuren innerhalb des ehemaligen Lagers (b), dessen Ummauerung wohl weiterhin Schutz gab. Nördlich schließen sich Gräbergruppen im Bereich der seinerzeit längst niedergelegten großen Thermen (c) und unter dem heutigen Ort Eining (d) im Schutt des einstigen Vicus an (nach R. Christlein)

Es entstand sogar ein neues Badehaus hinter der westlichen Hälfte der Nordmauer. Die beschädigten Principia wurden renoviert und nach Norden erweitert, vermutlich aber einer anderen Verwendung zugeführt. Das Gräberfeld legte man beiderseits der nördlichen Ausfallstraße im Schutt des mittelkaiserzeitlichen Vicus an, ein sicheres Anzeichen dafür, daß man die zivile Siedlung als endgültig aufgegeben betrachtete und nicht mehr zum Wohngebiet rechnete.

Da alle diese Anlagen weit über 150 Jahre Bestand haben sollten, ist es fast selbstverständlich, daß die spätantiken Bauten vielfältige Reparaturen, Umbauten und Erweiterungen aufwiesen.

Das Kleinkastell als eigentliche Festung wurde durch zwei fast 2 m starke, rechtwinklig zueinander stehende Mauerzüge in der Südwestecke des Lagers abgeteilt, deren ursprüngliche Abrundung mit dem Eckturm darinnen man beibehielt. So maß die Innenfläche etwa 44 × 33 m. Als Südostturm diente nun der westliche Torturm der alten Porta principalis dextra. Der Nordwestturm wurde hinter der Nordmauer in gleicher Mauerstärke über dem ehemaligen Zwischenturm neu aufgebaut. Ob ein etwas schwächer fundierter, quadratischer Bau von 6 × 6 m Grundfläche vor der Nordostecke des Kleinkastells als der vierte Eckturm anzusprechen ist, muß offenbleiben.

Das Tor lag in der Mitte der Nordmauer. Es besaß einen zwingerartigen Anbau, so daß das Vortor nach Westen zeigte.

Die Soldatenunterkünfte befanden sich in zwei Flügeln, die unmittelbar an die Innenwangen der Ost- und Nordmauer gelehnt waren.

Der nördliche Trakt war durch die innere Torkammer in zwei Teile mit links sechs und rechts fünf langgestreckten Stuben gegliedert. Der Ostflügel wies ebenfalls sechs solche Kammern auf. Dieses Bauwerk muß man sich mindestens zweistöckig vorstellen. In dem vor den Fassaden der Soldatenunterkünfte gelegenen Kasernenhof standen zwei kleinere, beheizbare Gebäude mit zwei bzw. drei Räumen, offensichtlich die Wohn- und Verwaltungshäuser der höheren Chargen.

In diesem »Kastellchen«, wie es Paul Reinecke zu nennen pflegte, muß alsbald eine drangvolle Enge geherrscht haben. Jedenfalls füllte man den Raum zwischen Torzwinger und Nordostturm vor der Nordmauer mit einem weiteren Anbau, in dem wieder fünf der typischen langrechteckigen Soldatenstuben eingerichtet wurden. Zusätzlich blendete man davor noch einen massiven Wehrturm.

Vor die Südmauer setzte man ein 10 × 6 m großes, einräumiges Gebäude, in dem der Naturaliensold der Einheit sicher verwahrt war. Ähnliche Speicherbauten fanden sich auch an anderen spätantiken Kastellen (z. B. Goldberg bei Türkheim). Schließlich überbaute man den ganzen Ostteil des Innenhofes mit Truppenunterkünften. So hockten die Soldaten dichtgedrängt in der

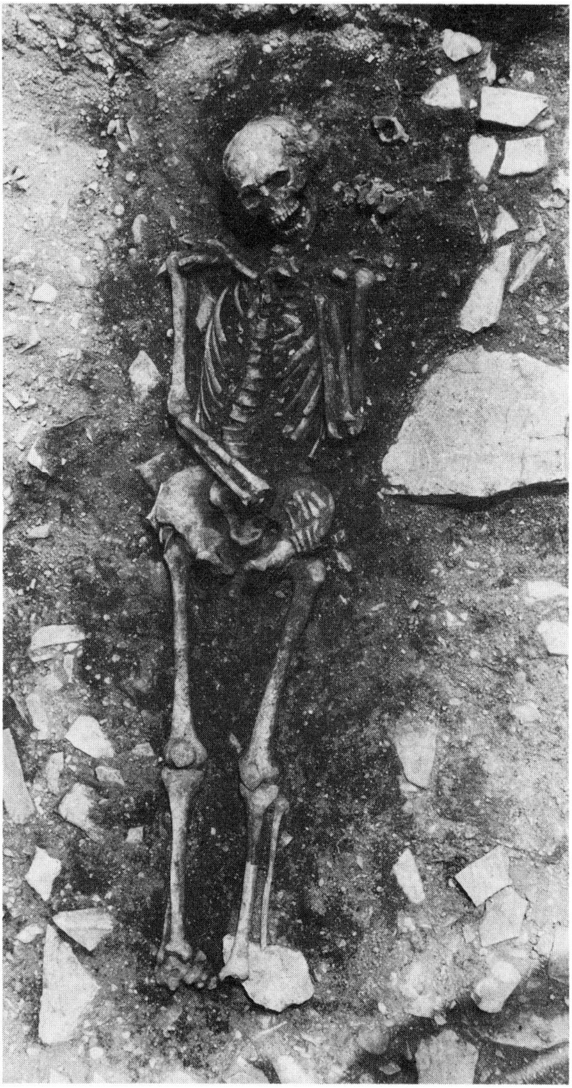

Abb. 36 Grabungen 1982 vor der nördlichen Front des Lagers: beigabenloses spätrömisches Körpergrab. Die Bestattung war in den Schotter der seinerzeit bereits aufgelassenen, vielleicht nur noch als Trampelpfad kenntlichen mittelkaiserzeitlichen Straße eingetieft, die das Kastell in nördlicher Richtung verließ

Festung. Man schachtete auch im Kasernenhof einen Brunnen aus, dessen Röhre mühselig bis in 22 m Tiefe in den blanken Fels geschlagen werden mußte, bis endlich Grundwasser einfloß.

Bei der Ausgrabung des Brunnens wurde in der Tiefe ein menschliches Skelett entdeckt, vielleicht ein Unglücklicher, der in den Schacht stürzte und dort ertrank oder aus eigener Kraft die glitschige Felswand nicht mehr hinaufkam, vielleicht aber auch ein Gefallener, dessen Leichnam man achtlos beseitigte.

Auch ohne viel Phantasie spürt der Besucher der heute konservierten Ruinen jene verzweiflungsvollen letzten Jahrzehnte der römischen Präsenz an der Donau, als kaum noch zu unterscheiden war, wer sich noch als Söldner im offiziellen Dienst des Reiches fühlte und wer praktisch schon wie ein Marodeur in der Gegend hauste.

Wirklich zu leiden hatte natürlich die Zivilbevölkerung. Viele hatten sich ohnehin bereits in den sicheren Süden abgesetzt. Wer blieb, mußte ums nackte Überleben kämpfen. Die Truppen boten kaum noch Schutz. Es herrschten Zustände, wie sie sich in dieser Härte erst wieder im Dreißigjährigen Krieg einstellten. Die Leute starben rascher hinweg, als die Bevölkerungszahl durch Zuzug oder Geburten wieder zunehmen konnte.

Von der allgemeinen Armut zeugt auch das spätrömische Gräberfeld, soweit die Bestattungen in den Trümmern der großen öffentlichen Gebäude vor der Nordfront des Lagers wiederaufgefunden wurden. Fast alle Toten waren beigabenlos (Abb. 36). Nur hin und wieder ließ sich ein germanischer Söldner mit seinen Waffen beerdigen. Die Nekropole erstreckte sich bis unter den heutigen Ortskern von Eining, wo man jüngst das Grab eines der letzten römischen Offiziere von Abusina freilegte. Von ihm ist außer seinem Rangabzeichen, einer vergoldeten Zwiebelknopffibel (Abb. 69,1), nichts übriggeblieben.

Spätestens in der Mitte des 5. Jahrhunderts erlosch das römische Leben in Eining, das zuletzt wohl kaum noch von mediterraner Gesittung als vielmehr vom Gebaren germanischer Söldner geprägt war.

Das Leben in Abusina

Die Soldaten

Das römische Berufsheer der frühen und mittleren Kaiserzeit bestand aus zwei verschiedenen Arten von Truppeneinheiten. Die 6400 Mann starken Legionen nahmen als Elitetruppen nur Soldaten auf, die bereits vor ihrem Eintritt in das Heer das römische Bürgerrecht besaßen, also zum kleineren, privilegierten Teil der Bevölkerung des römischen Weltreichs zählten. In etwa gleicher Mannschaftszahl, aber in wesentlich kleinere Einheiten zu 500 und 1000 Mann gegliedert, bestanden daneben die sogenannten Hilfstruppen *(auxilia)*, die sich aus der unterprivilegierten Provinzbevölkerung *(peregrini)* rekrutierten. Allerdings erwarben diese in Rang und Bezahlung »zweitklassigen« Soldaten nach Ende ihrer 25jährigen Dienstzeit das begehrte römische Bürgerrecht für sich, ihre Frau und ihre Kinder. Dann erst bekam ihre Ehe formaljuristische Anerkennung. Als Bestätigung dieses wichtigen Rechtsaktes erhielt der Soldat eine Urkunde, auf haltbare Bronzetafeln geschrieben, in doppelter Ausführung (ein drittes Exemplar war in Rom öffentlich ausgehängt). Diese sogenannten Militärdiplome (Abb. 37), von denen in Eining bisher mindestens zehn Fragmente gefunden wurden, stellen mit die wichtigsten Dokumente zur Militärgeschichte einer Provinz dar. Enthielten sie doch neben dem genauen Datum der Ausstellung Namen, Einheit und Herkunft des Empfängers, Namen und Herkunft der Frau und der Kinder sowie eine Liste aller römischen Hilfstruppen, die zum Zeitpunkt der Ausstellung des Dokuments in der Provinz standen. Zur Zeit ihrer Gründung rekrutierten sich die gelegentlich unter Zwang ausgehobenen Auxiliartruppen oft nur aus einem einzigen Volksstamm, dessen Namen dann die Einheit übernahm (z. B. 3. Britannerkohorte). Später ergänzte sich die Truppe aus Freiwilligen der Provinz, in der sie gerade stationiert war.

Abb. 37 Vorder- und Rückseite zweier zusammengehöriger Fragmente eines Militärdiploms. Die Urkunde wurde zwischen dem 9. Dezember 156 und dem 10. Dezember 157 n. Chr. für einen Soldaten der 3. Britannerkohorte ausgestellt, die damals in Eining stationiert war. Der Veteran blieb also auch nach seiner Entlassung aus dem aktiven Dienst in Abusina. Die beiden Bruchstücke wurden zu unterschiedlichen Zeitpunkten (1968 und 1981) gefunden ▷

1968,624

Die Soldaten des römischen Heeres in der frühen und mittleren Kaiserzeit waren in erstaunlich einheitlicher Weise ausgerüstet und bewaffnet. Dabei gab es keine zentralen Waffenfabriken, sondern die Ausrüstungsstücke entstammten zahlreichen kleinen lokalen, meist privaten Werkstätten. Jeder Soldat mußte beim Eintritt ins Militär seine Ausrüstung selber kaufen, wofür er anfangs ein Handgeld erhielt. Er war auch während seiner Dienstzeit für ihre Pflege und Reparatur verantwortlich; bei seinem Ausscheiden konnte er – was meistens geschah – seine Ausrüstung an einen neuen Rekruten verkaufen. So kommt es, daß Waffen oft verschiedene Besitzerinschriften tragen (Abb. 46, 47).

Die Infanterie

An Schutzwaffen trug der Infanterist (Abb. 38) Helm, Panzer und Schild. Der Helm aus Eisen oder Bronze umschloß mit dem herabgezogenen Nakkenschutz und den großen Wangenklappen fast den ganzen Kopf; Stirn- und Kreuzbügel auf der Helmkalotte boten zusätzlichen Schutz vor Schwerthieben. Über einem knielangen Hemd, der Tunika, trugen die Infanteristen der 3. Britannerkohorte ein eisernes Kettenhemd, das aus kleinen Drahtringen zusammengesetzt war. Der ovale Schild aus lederüberzogenem Holz hatte in der Mitte einen halbrunden Schildbuckel aus Bronze oder Eisen, der den dahinterliegenden Handgriff schützte. Der Schild selber war mit den Farben und Symbolen der Einheit bunt bemalt. Bis in das 2. Jahrhundert hinein eröffneten die Eininger Infanteristen das Gefecht mit einer Salve ihrer klassischen römischen Wurfspeere *(pila)*, deren knapp einen Meter lange Eisenspitze eine hohe Durchschlagskraft hatten (Abb. 42). Später setzten sich dann Wurf- und Stoßlanzen mit kürzeren Eisenspitzen durch (Abb. 38). Auch das klassische römische Kurzschwert *(gladius)* verschwand in dieser Zeit zugunsten des Ringknaufschwerts (Abb. 39, 3) und des von der Reiterei übernommenen Langschwerts (*spatha*, Abb. 40, 1, 2). Sozusagen als Ersatz für den

Abb. 38 Römischer Infanterist in Uniform: Über dem Kettenhemd (lorica hamata) trägt ▷ er den Leibgurt mit Schulterriemen (balteus), an dem Dolch (pugio) und Schwert (spatha) befestigt sind. Helm (galea), Schild (scutum) und Speer (hasta) komplettieren die Bewaffnung; genagelte Ledersandalen sind aus Brunnenfunden bekannt. Auf bildlichen Darstellungen wird der Fuß immer unbekleidet im Schuhwerk gezeigt; gleichwohl darf man annehmen, daß sich der Soldat, der an der rauhen Nordgrenze des Reiches stationiert war, im Winter mit Wollsocken oder Fußlappen vor dem Erfrieren der Zehen geschützt hat (nach G. Ulbert u. Th. Fischer; Zeichnung B. Pfeifroth)

B. Pfeifroth

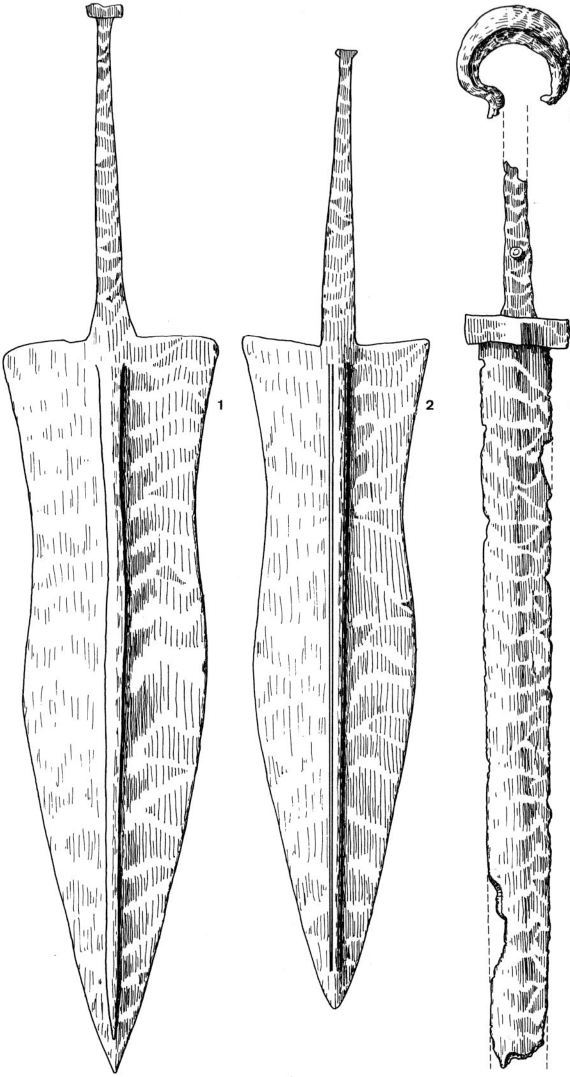

Abb. 39 Eiserne Soldatendolche und ein sog. Ringknaufschwert aus Eining; typische Waffen der mittleren Kaiserzeit. Die hier zeichnerisch zusammengesetzten Schwertteile, nämlich Ringknauf und Klinge mit Heft, stammen von zwei verschiedenen Exemplaren. Länge der Dolche 33 und 31 cm, des Schwertes ohne Knauf noch 38 cm (1–2 nach LfD. Landshut; 3 nach H.-J. Kellner)

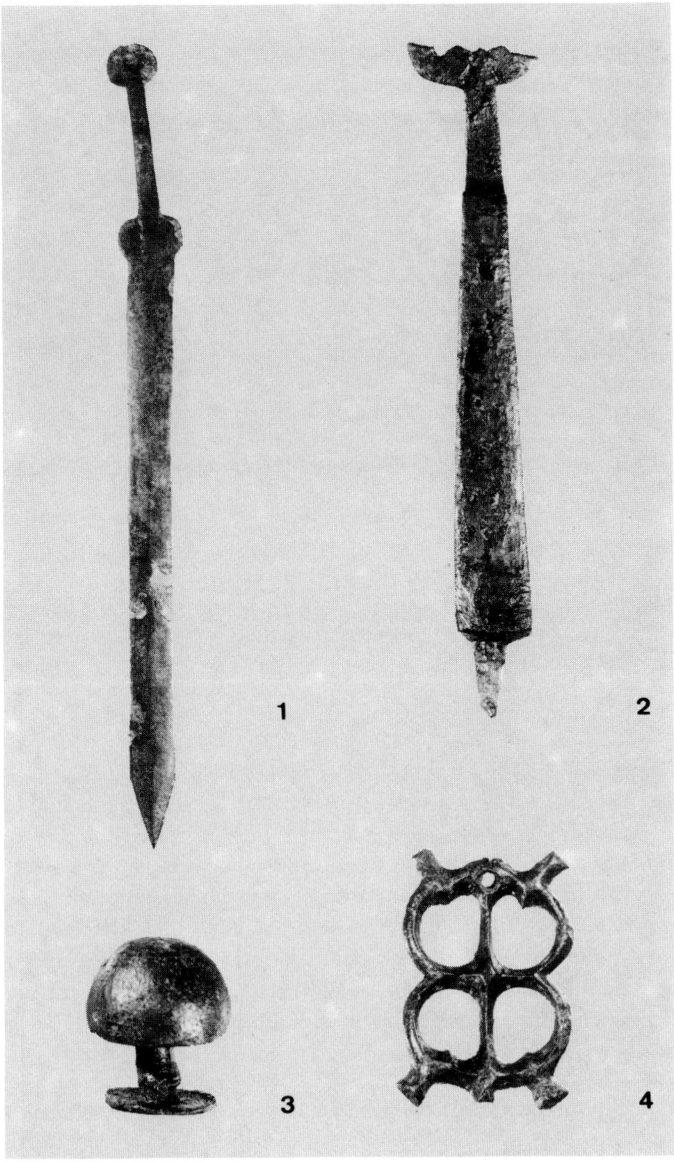

Abb. 40 Votivgabe in Form eines Miniaturschwertes (spatha; 1), Tragebügel einer Schwertscheide in Form eines stilisierten Delphins mit dem Schwanz oben und der Schnauze unten (2), Schnallenknopf vom Leibgurt (3) und durchbrochener Zierbeschlag vom Gürtel (4); alles Bronze. Neufunde der Grabung 1982

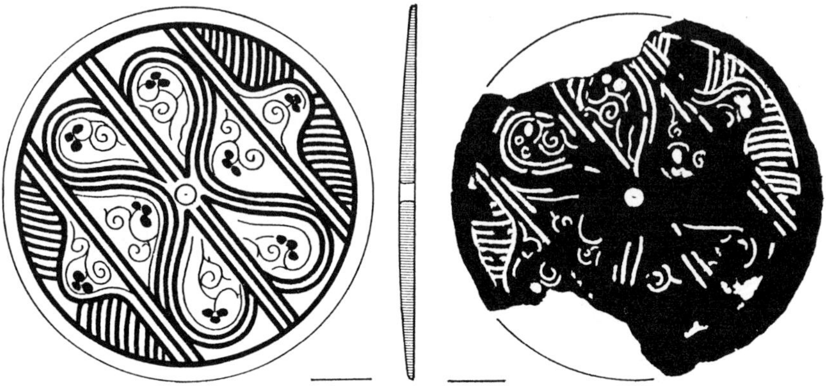

Abb. 41 Zierscheibe vom Ortband (unteres Ende) einer Schwertscheide; Eisen mit Einlagen aus Messing. Das Dosenortband, von dem nur die vordere Scheibe erhalten ist, war ursprünglich mit einer Kupfer-Blei-Legierung zusammengelötet. Durchmesser 6,9 cm (nach H.-J. Kellner)

Gladius, der ja vor allem als Stichwaffe im Nahkampf diente, setzten sich wesentlich größere Dolche mit blattförmiger breiter Klinge durch (Abb. 38 und 39, 1–2).

Die Reiterei

Die Reiter wurden im Gegensatz zur Infanterie besser bezahlt und rüsteten sich auch aufwendiger aus. Reiterhelme zum Beispiel unterschieden sich vom Infanteriehelm durch die reichere Verzierung. Auch ihre Panzer aus Bronzeschuppen, mit Achselklappen aus getriebenem Bronzeblech geschmückt, übertrumpften die schlichten Kettenhemden der Fußsoldaten. Besonders prächtige und kunstvoll in Treibarbeit, Vergoldung und Versilberung geschmückte Paraderüstungen (Abb. 44–49) trugen die Reiter bei turnierartigen Kampfspielen, mit denen sie nicht nur eine Attraktion an hohen Feierta-

Abb. 42 Eisenfunde aus Eining: Spitze eines Wurfspeers (pilum) von 77,5 cm Länge; in die quadratische Tülle wird ein Holzschaft gesteckt, so daß die Gesamtlänge der Waffe rund 1,4–1,5 m beträgt (1). – Fragment eines Brennstempels mit nicht mehr deutlich lesbarer Inschrift eines Besitzer- oder Herstellernamens (vielleicht CARISEVS); mit solchen Handstempeln konnten beispielsweise Holz- oder Ledergegenstände gekennzeichnet werden (2). Zum Vergleich ist ein vollständig erhaltenes, 56 cm langes Exemplar aus Augst abgebildet (3). 1 u. 3: Maßstab 1:3; 2: Maßstab 2:3; nach J. Garbsch) ▷

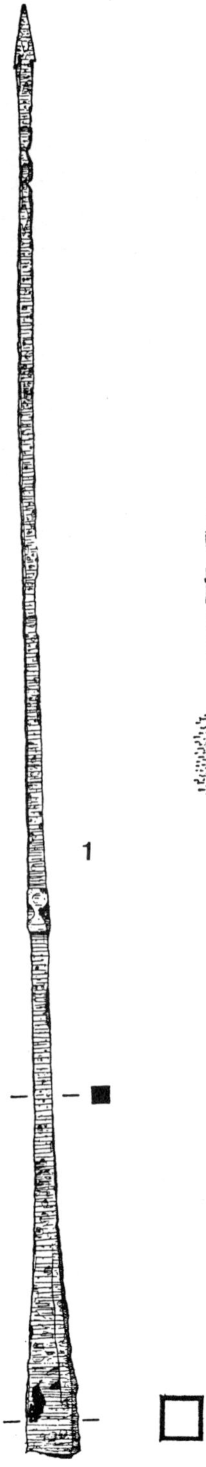

1

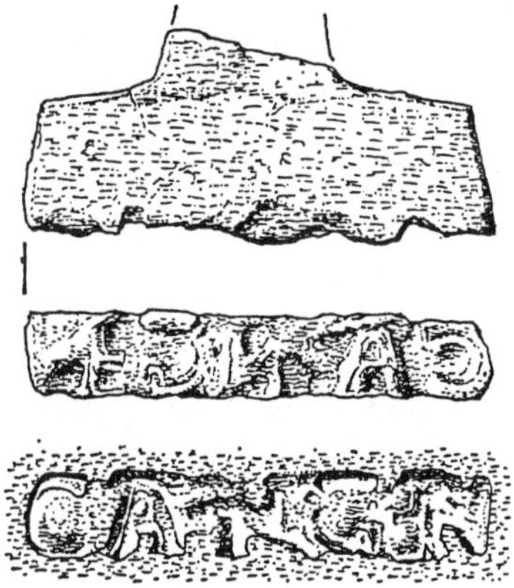

2

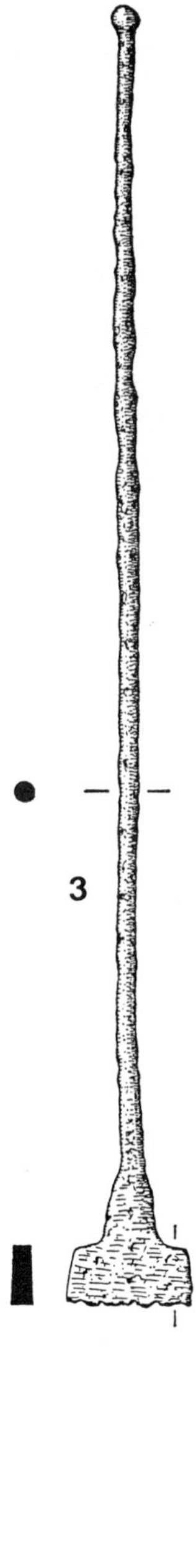

3

Abb. 43 Riemenbeschlag von einem besonders kostbaren Pferdegeschirr; bronzene Durchbruchsarbeit, mit Eisenblech hinterlegt. Neufund der Grabung 1982

gen boten, sondern sich auch in komplizierten Kampfspielen für den Ernstfall des militärischen Einsatzes vorbereiteten. Ihre Pferde besaßen prächtig verziertes Riemenwerk (Abb. 43) und Sattelzeug, an denen auch unheilabwehrende Amulette (Abb. 66) hingen. Im Kampf führten die Reiter das Langschwert, Wurf- und Stoßlanze sowie einen ovalen Schild mit sich.

Über die Bewaffnung der römischen Soldaten in der Spätantike sind wir durch Funde nicht so gut informiert (Abb. 71, 72). Sicher ist nur, daß die germanischen Söldner ihre stammesübliche Bewaffnung wie Pfeil und Bogen oder Streitäxte auch in römischem Dienst weiterführten.

Der Alltag des Soldaten

Der Alltag des römischen Soldaten in Eining war von vielfältigen militärischen Aufgaben erfüllt, über die eine eifrige Bürokratie pedantisch Buch führte. Verstöße gegen das Dienstreglement wurden schwer bestraft. Neben Wachdienst im Kastell und auf den Limestürmen standen regelmäßige Patrouillengänge an der Grenze und den Hauptstraßen auf dem Dienstplan. Einzelne Trupps bauten Straßen, strichen Ziegel oder schlugen Holz, auch die Einbringung von Lebensmitteln und Pferdefutter gehörte zur regelmäßigen Aufgabe der Soldaten. Besonders wichtig war natürlich das Exerzieren und die Übung des Waffengebrauchs, auch Manöver fanden statt, in denen Märsche, Kampfaufstellung und das Anlegen von Feldlagern geübt wurden. Ebenso gehörte die Errichtung und dauernde Pflege eines Abschnitts der Limesanlagen zu den Pflichten der Eininger Truppe. Wenn in der Provinz

Abb. 44 Gesichtsmaske eines Paradehelms im orientalischen Stil; das Stück ist aus nur einem Bronzeblech getrieben und gepunzt; auf die Stirn ist ein blauvioletter, mugeliger »Schmuckstein« aus Glaspaste gesetzt. Aus dem Schatzfund von Eining. Höhe 29,8 cm ▷

oder auch in entfernteren Gegenden ein größerer Krieg im Gange war, zog man auch aus den Hilfstruppen an der Grenze Abteilungen *(vexillationes)* ab und setzte sie auf dem Kriegsschauplatz ein. Solche Gelegenheiten, wenn das Kastell nur schwach besetzt war, nutzten dann freilich im 3. Jahrhundert die Alamannen bevorzugt für Überfälle.

Für seinen mühevollen Dienst erhielt der Soldat einen Sold in klingender Münze, der ihm einen überdurchschnittlichen Lebensstandard sicherte. Die

Abb. 45 Hinterhauptteil eines Paradehelms; der stark herausgetriebene Federkamm endigt nach vorn in einer Marsbüste; auf den Seiten ist jeweils die geflügelte Victoria in wehendem Gewand auf der Kugel dargestellt, darunter ein Fabelwesen. Aus dem Schatzfund von Eining. Treib- und Punzarbeit aus Bronze; Höhe 25,7 cm

Abb. 46 Mittelteil einer Kopfschutzplatte (sog. Roßstirn) vom Paradegeschirr eines Pferdes; dargestellt ist Herakles mit Löwenfell und Keule, darüber der Adler des Jupiter, darunter ein Löwe. In Kopfhöhe des Halbgottes stehen die eingepunzten Buchstaben ELI VIRILIS; die Inschrift meint, daß ein gewisser Aelius Virilis das Pferdegeschirr besessen hatte. Aus dem Schatzfund von Eining. Treibarbeit aus Bronze, gepunzt; Höhe 41,5 cm. Zu dieser Roßstirn gehören die beiden Seitenteile auf Abb. 47

Verpflegung, die er während seiner Dienstzeit erhielt, kann nur auf die Zustimmung moderner Ernährungswissenschaftler stoßen. Sie bestand aus ungemahlenem Getreide, das die Mannschaften selbst zubereiteten, vor allem zu Fladenbrot. Daneben gab es Käse, Fleisch, Obst und Gemüse, das sich die Soldaten freilich meist selber im Lagerdorf besorgen mußten.

Mehr Entspannung als Dienst stellte der obligatorische Besuch des Kastellbades dar, der für die in drangvoller Enge kasernierten Truppen aus Gründen

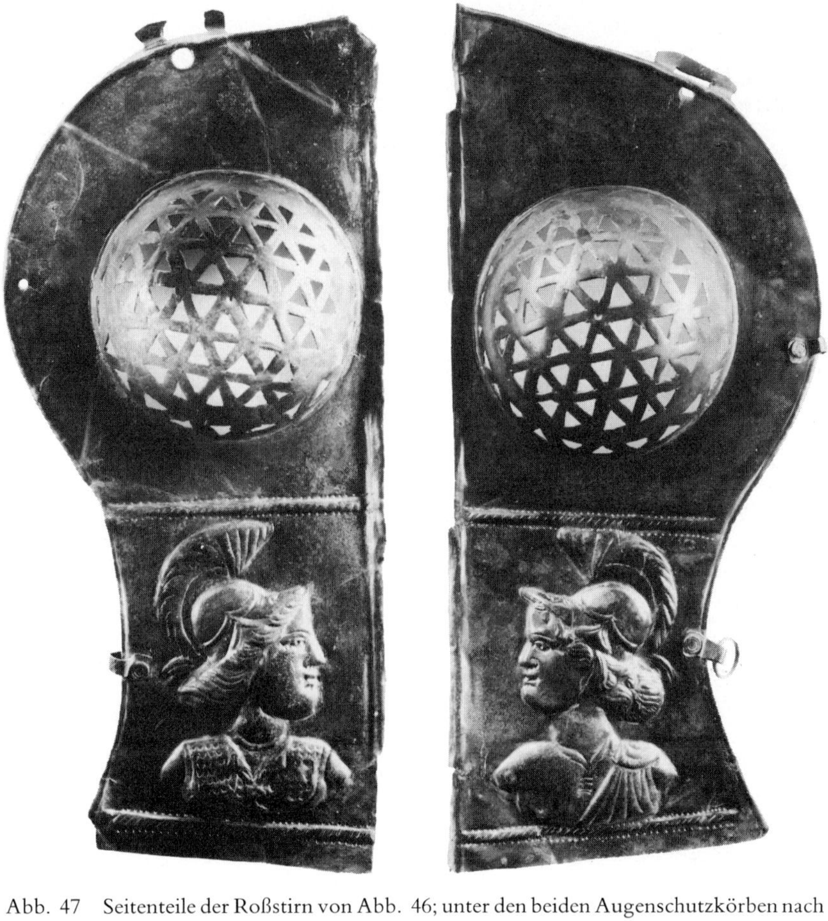

Abb. 47 Seitenteile der Roßstirn von Abb. 46; unter den beiden Augenschutzkörben nach vorn gewendete Darstellungen der Minerva (rechts) und des Mars (links); über der Minerva steht die Ritzinschrift PROVINCIALIS, wohl ebenfalls ein Besitzer des Paradegeschirrs. Aus dem Schatzfund von Eining. Treib-, Punz- und Durchbruchsarbeit aus Bronzeblech; Höhe 37,6 cm

Abb. 48 Mittelplatte einer Roßstirn; dargestellt ist die Göttin Victoria mit Kranz und Palmzweig; ungewöhnlich ist die außerordentliche Bewegtheit der Ausführung. Die reliefierte Wölbung der Figur ist mit Blei hinterfüllt; ursprünglich war die Kopfschutzplatte mit Leder gefüttert. Aus dem Schatzfund von Eining. Treib- und Punzarbeit aus nur 0,2–0,4 mm dünnem Bronzeblech; Höhe 20,4 cm

Abb. 49 Mittelplatte einer Roßstirn; dargestellt ist der Adler des Jupiter mit zurückgewendetem Kopf; der Vogel steht auf der Kugel (Globus). Aus dem Schatzfund von Eining. Treib- und Punzarbeit aus Bronzeblech; Höhe 21,8 cm

Abb. 50 Beinerne Knobel und Spielsteine aus Eining

der Hygiene unumgänglich war. Kranken oder Verwundeten stand ein gut ausgestattetes Lazarett *(valetudinarium)* im Kastell zur Verfügung, in dem sich Militärärzte und Krankenpfleger um die Patienten kümmerten. Seine Freizeit verbrachte der Soldat im Lagerdorf, wo auch seine – rechtlich vorerst freilich nicht anerkannte – (s. S. 70) Familie lebte. Dort konnte er sich in Wirtshäusern mit Wein, Weib und Gesang amüsieren oder dem Glücksspiel (Abb. 50) frönen. Zumindest ein provisorisches Amphitheater für Tierhetzen oder durchziehende Gladiatorentrupps dürfte auch in Abusina nicht gefehlt haben.

Das Lagerdorf

Im Lagerdorf lebten eine ganze Reihe von Leuten vom Sold der römischen Krieger. Handwerker stellten neben Waffen und militärischer Ausrüstung allerlei Gerät her, dessen man im Alltag bedurfte (Abb. 52, 55), oder führten Reparaturen durch. Auch Töpfer (Abb. 54), Tuchmacher, Schneider und Schuster fanden ihr Auskommen. So bildete der Vicus mit seinen Handwerkern und Händlern auch ein wichtiges Zentrum für die Bewohner der Gutshöfe aus der weiteren Umgebung, die ihrerseits ihre Produkte dort verkaufen

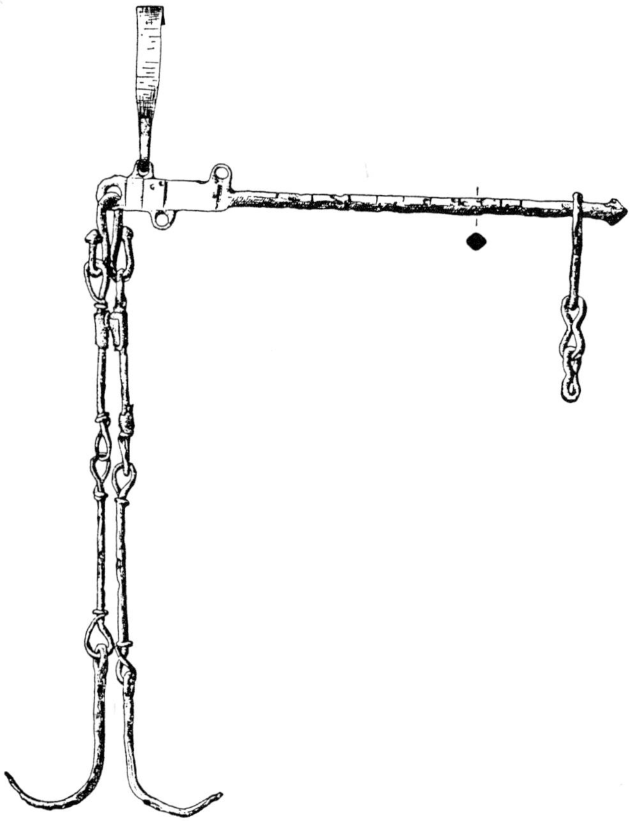

Abb. 51 Eiserne Schnellwaage aus Eining. An die beiden Kettenhaken des Lastarmes wurde die zu wiegende Ware gehängt. Zum Halten der Waage in der Hand dienten Eisenschlaufen, die in die drei Ringösen eingehängt waren. Damit konnte in drei Gewichtsverhältnissen (1:2:4) gewogen werden. Durch Umwickeln der Kettenglieder unterhalb der omegaförmigen Aufhängeöse mit Bleistreifen wurde die Waage tariert bzw. geeicht. Auf dem Skalenarm sind die Eichstriche zu sehen. Entsprechend den drei Bedienungsmöglichkeiten in einer der Ringösen waren auf den Fazetten des Skalenarmes insgesamt auch drei Meßskalen aufgetragen. Das verschiebbare Laufgewicht (aequipondium) hing an zwei achterförmigen Kettengliedern. Mit dieser Waage konnten Lasten bis 8 römische Pfund gewogen werden (1 röm. Pfund = 327,45 g). Länge des Waagebalkens 23,3 cm (nach H. U. Nuber)

Abb. 52 Zwei Eisenmesser mit Knochen- oder Hirschgeweihgriffen von Eining. Länge 13,0 und 21,6 cm

Abb. 53 Terra-sigillata-Schlüssel aus Eining. Das Stück wurde im frühen 3. Jh. n. Chr. in Rheinzabern hergestellt. Die rotglänzende Keramik war in römischer Zeit zwar nicht billig, erfreute sich aber großer Beliebtheit. Die nur an wenigen Orten arbeitenden Terra-sigillata-Fabriken lieferten ihre Produkte nicht nur in das gesamte Römische Reich, sondern auch weit über dessen Grenzen hinaus bis nach Polen und Schweden.

konnten. Ansässige und fahrende Händler (Abb. 51) brachten auch die Erzeugnisse weit entfernter Gegenden des Römischen Reiches an die entlegenen Grenzorte. Gefäße aus Terra sigillata (Abb. 53), aus Bronze und Glas waren keineswegs als seltene Luxusstücke gefragt, sondern fanden in Massen Verwendung. Schmuck (Abb. 55–58) und kleine Götterstatuetten (Abb. 63, 64) für den Hausaltar wurden gern gekauft. Auch exotische Lebensmittel und Gewürze, an der Spitze natürlich Wein, aber auch Olivenöl, Fischsoße, Austern, Datteln und Feigen waren im Basar des Lagerdorfes erhältlich. Bezahlt wurde mit Kupfer- und Bronzemünzen (As, Dupondius und Sesterz), Silbermünzen (Denar, Abb. 60) und – freilich nur bei größeren Transaktionen – mit Goldmünzen (Aureus). Frauen trugen ihr Geld beim Einkaufen in Börsenarmbändern (Abb. 59) bei sich. Schließlich hatte man

Abb. 54 Irgend jemand warf diesen Topf aus Ton in den Graben der das Kastell Eining nach Norden verlassenden Straße. Das Gefäß wurde während der Grabung 1982 nahezu unversehrt wiederaufgefunden

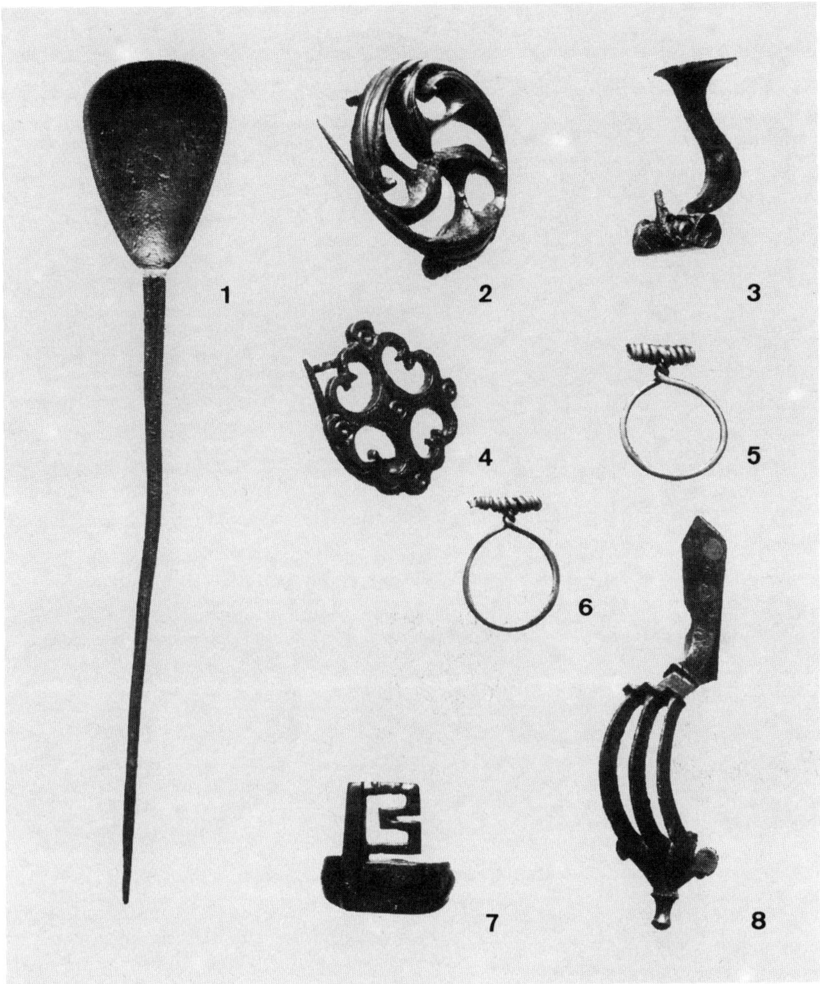

Abb. 55 Löffel (1), Fibeln (2–4, 8), Fingerringe (5–6) und Schlüsselring (7) aus Eining. Neufunde der Grabung 1982. 1–4, 7–8 Bronze; 5–6 Silber

Abb. 56 Löwenfibeln aus Eining. Das heraldische Tier war als Motiv auch für Gewandspangen in römischer Zeit sehr beliebt

Abb. 57 Drei Gemmen aus Eining. Links: Ringstein aus Lapislazuli; dargestellt ist ein nackter Satyr. Höhe 1,2 cm. – Mitte: Ringstein aus rotem Jaspis; burleske Darstellung eines von einem Hirsch gezogenen Wagens; darin hockt ein Hund oder Esel mit erhobener Peitsche als Lenker. Breite 1,3 cm. – Rechts: Ringstein aus rötlichem Karneol; zwischen zwei Füllhörnern steht ein Mischgefäß (Krater), darüber ein Adler zwischen kleineren Vögeln. Breite 1,8 cm

Abb. 58 Eiserner Fingerring mit dunkelroter Jaspisgemme aus Eining. Dargestellt ist die Göttin Minerva. Höhe 2,5 cm

Abb. 59 Börsenarmring aus dem Lager Eining-Unterfeld. Der eiserne Deckel läßt sich nur öffnen, wenn der Bronzering vom Handgelenk abgestreift ist. Die Börse enthielt eine kostbare Karneolgemme. Man hatte sie absichtlich unter dem Fußboden an der Wand eines Steingebäudes versteckt, wo sie bei der Ausgrabung 1968 wiedergefunden wurde. Durchmesser 10,7 cm

Abb. 60 Fünf Denare aus einem wenigstens 20 Münzen umfassenden Schatzfund aus dem Vicus des Auxiliarkastells Eining. Die Schlußmünze des Hortes, ein Maximinian I, wurde 236 in Rom geprägt. Der Anlaß für die Verbergung des Schatzes könnte ein um 242 n. Chr. erfolgter Überfall feindlich gesinnter Alamannen gewesen sein

Abb. 61 Zwei Tierfiguren aus Eining. Aufsatz in Form eines Pferdchens. Höhe 4,5 cm. – Darstellung eines Pfaus auf einem Sockel. Beides Bronzeguß

noch Gelegenheit, seinen sauer verdienten Sold bei Wahrsagern, Priestern und Advokaten loszuwerden, die in nicht geringer Anzahl im Lagerdorf wohnten. Die Mehrzahl der Vicusbewohner freilich waren ehrenvoll entlassene Soldaten (Veteranen), die ihre Abfindungssumme entweder in aller Ruhe verbrauchten oder aber durch ein lukratives Handwerk oder Gewerbe noch zu vermehren trachteten.

Religion

An der Auswahl der hauptsächlich verehrten Götter läßt sich deutlich ablesen, wie sehr das Leben in Abusina vom Militär geprägt wurde. So sind die für den Krieg und den Sieg verantwortlichen Götter Mars (Abb. 33, 45, 47, 62, 63) und Victoria (Abb. 32, 45, 48) im Fundgut natürlich besonders häufig vertreten. Auch Bacchus, der Gott des Weins, spielte im Alltag der Soldaten – vor allem in ihrer Freizeitgestaltung – eine wichtige Rolle. Seine Statuette

Abb. 62 Statue des Mars. Die 1,36 m hohe Figur wurde wohl in einer örtlichen Werkstatt aus in geringer Entfernung anstehendem Riffschuttkalk gefertigt. Der Gott trägt über der Tunika den Muskelpanzer (lorica), darüber einen Umhang (paludamentum) und eine Schärpe; typisches Attribut ist der Helm (galea) mit hohem Kamm (crista); am Gürtel (cingulum) hängt der Dolch (pugio); die Füße stecken in Stiefeln (caligae); die linke Hand stützt sich auf den Schild (scutum); die erhobene Rechte trug den – verlorenen – Speer (hasta oder lancea). Der Mars ist also in der üblichen Offiziersausrüstung der Zeit gezeigt. Die Skulptur ist nahezu vollständig, war aber bei ihrer Auffindung in drei Teile zerbrochen; gefunden 1976 im Ortszentrum von Eining in 2 m Tiefe neben römischen Mauerresten. Ob die Statue sekundär dorthin verschleppt worden war oder am Platz ihrer ursprünglichen Aufstellung lag, ist ungeklärt. Datierung Anfang 3. Jh. n. Chr.

Abb. 63 Statuette des Mars mit Helm, Brustpanzer und Beinschienen. Gefunden 1974 in Eining. Bronzeguß, Höhe 9,5 cm

Abb. 64 Möbel- oder Reisewagenbeschlag aus Eining in Gestalt des Weingottes Bacchus mit Hirtenstab (pedum) und Hase. Bronzeguß, Höhe 8,0 cm

Abb. 65 Möbel- oder Reisewagenbeschlag in Gestalt einer Diana-Luna-Büste aus Eining. Im römischen Götterhimmel war Diana die Göttin der Jagd und der Waldtiere, zugleich aber auch die Göttin des Mondes (Luna), dessen Symbol die Büste über der Stirn trägt. Bronzeguß, Höhe 5,5 cm

(Abb. 64) stammt freilich nicht von einem Hausaltar des Lagerdorfs, sondern sie schmückte, wie auch die Büste der Diana-Luna (Abb. 65), ein Möbelstück oder einen Reisewagen. Der Tempelbezirk des Lagerdorfes ist zwar noch nicht entdeckt, doch gibt es Hinweise darauf, daß er im nördlichen Bereich des Vicus lag. Deshalb wurde er auch auf der Rekonstruktionszeichnung Abb. 13 in diesem Areal frei ergänzt. Weit verbreitet waren natürlich Volks- und Aberglauben. Glückbringende und unheilabwehrende Amulette für Mensch und Tier (Abb. 66) sind in einer Militärgarnison an einer stets bedrohten Grenze häufige und verständliche Funde. Mit Fluchtäfelchen aus Bleiblech, die mit allerlei Zaubersprüchen beschriftet waren, und tönernen Zauberfigürchen (Abb. 67, 68) betrieb man schwarze Magie und versuchte so, Menschen für sich zu gewinnen (Liebeszauber) oder zu vernichten (beispielsweise Nebenbuhler oder Konkurrenten).

Abb. 66 Amulett-Anhänger in Form eines doppelten Phallos aus Eining. Bronzeguß, Länge 3,3 cm

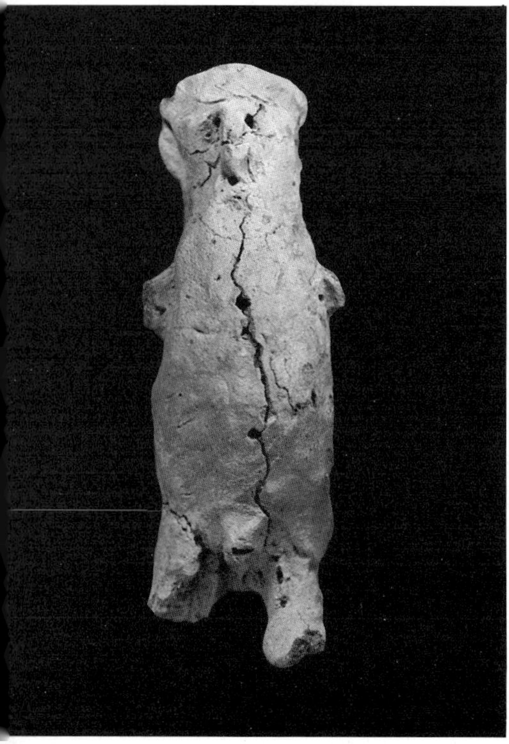

Abb. 67 Tönernes Zauberfigürchen aus dem Kastellvicus von Eining. An Rumpf, Kopf, Armen, Beinen und Penis finden sich zahlreiche, wohl magische Einstiche. Die Terrakotte ist hohl; einige Körner oder Steinchen im Innern erzeugen ein rasselndes Geräusch. Neufund der Grabung 1982. Höhe 12,1 cm

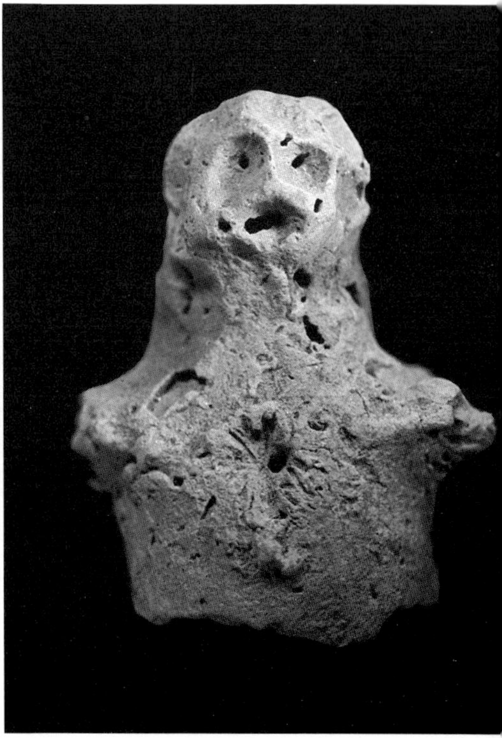

Abb. 68 Torso eines Zauberfigürchens aus Ton mit zahlreichen Einstichen. Neufund 1982 im Kastellvicus von Eining (vgl. Abb. 67). Höhe noch 10,5 cm

Spätantike Funde

Die zahlreichen spätrömischen Funde von Eining – mit Ausnahme der Münzen – harren noch der wissenschaftlichen Bearbeitung. Gerade Spätantike und Völkerwanderungszeit (4.–5. Jh.) stellen für die Forschung hochinteressante Perioden dar, denn in dieser Zeit grundsätzlichen Wandels werden bereits viele Grundlagen für das Mittelalter erkennbar.

Im 4. Jahrhundert dringen in das römische Fundmaterial vermehrt die archäologischen Zeugnisse der Germanen ein, die in dieser Zeit nicht mehr nur als Gegner Roms, sondern auch als Verbündete und Söldner auftreten. Genauere Untersuchungen dieser Funde können auch die Frage der Herkunft der verschiedenen germanischen Gruppen klären. Auch noch in der Spätzeit war *Abusina*-Eining in das weitverzweigte Netz des römischen Fernhandels

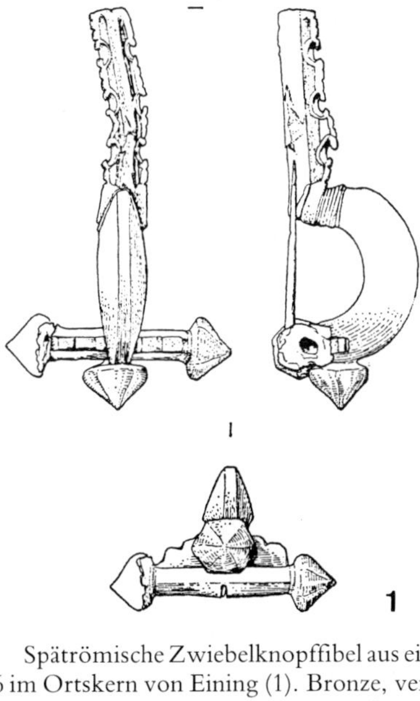
1

2

Abb. 69 Spätrömische Zwiebelknopffibel aus einem Grab der Zeit um 400 n. Chr.; gefunden 1976 im Ortskern von Eining (1). Bronze, vergoldet; Länge 9,4 cm (nach Christlein). – Germanische Fibel mit umgeschlagenem Fuß und Bügelwicklung; Neufund 1982 aus dem Kastellvicus von Eining (2). Bronze

Abb. 70 Spätrömischer Bronzefingerring mit rückläufiger Inschrift VIVAS IN DEO – »Mögest du in Gott leben« – als Anzeichen der christlichen Gesinnung seines Besitzers. Gefunden im Bereich des nordöstlichen Eckturms des Eininger Kastells. Doppelte Größe

einbezogen. Es lassen sich Keramik (Terra sigillata) aus den Argonnen, glasierte Tonware aus dem Osten, Gläser aus Oberitalien und dem Rheinland in einiger Menge nachweisen. Dem römischen Bevölkerungsteil kann ein bronzener Fingerring mit christlicher Inschrift zugewiesen werden (Abb. 70), ein gar nicht so außergewöhnlicher Fund, denn unter Kaiser Konstantin I. (306–337) war das Christentum zur römischen Staatsreligion erhoben worden. Von der Soldatenausrüstung sind in Eining bronzene Gürtelbeschläge mit Kerbschnittzier bekannt. Soldaten und Offiziere der Spätzeit trugen auf der rechten Schulter als Rangabzeichen die sogenannten Zwiebelknopffibeln (Abb. 69,1), je nach Rang in unterschiedlich kostbarer Ausführung. Eine eigene Fibeltracht konnte auch Germanen kennzeichnen: So läßt die Fibel mit umgeschlagenem Fuß (Abb. 69,2) auf die Anwesenheit von Ostgermanen (Goten?) in *Abusina*-Eining schließen. Auf die typisch germanischen Knochenkämme und Waffen wurde schon hingewiesen (Abb. 71, 72). Von besonderer Bedeutung für die bayerische Landesgeschichte ist das recht häufige Vorkommen einer handgemachten Keramik, die als Nachweis einer elbgermanischen Gruppe böhmischer Herkunft dient (Keramik des Typus Friedenhain-Přeštovice, Abb. 73). Jüngere Forschungen haben ergeben, daß die Hersteller dieser charakteristischen Ware zu Beginn des 5. Jahrhunderts aus Böhmen über die Pässe des Bayerischen Waldes in das Gebiet nördlich der Donau eingesickert waren. Das westlichste Vorkommen dieser Fundgattung ist die Gegend um Weißenburg in Mittelfranken. Diese Germanen scheinen nie ernsthaft mit den Römern in Konflikt geraten zu sein – im Gegenteil wurden sie, wie Funde in Neuburg, Eining, auf dem Frauenberg bei Weltenburg, in Regensburg, Straubing und Passau zeigen, bald als Ver-

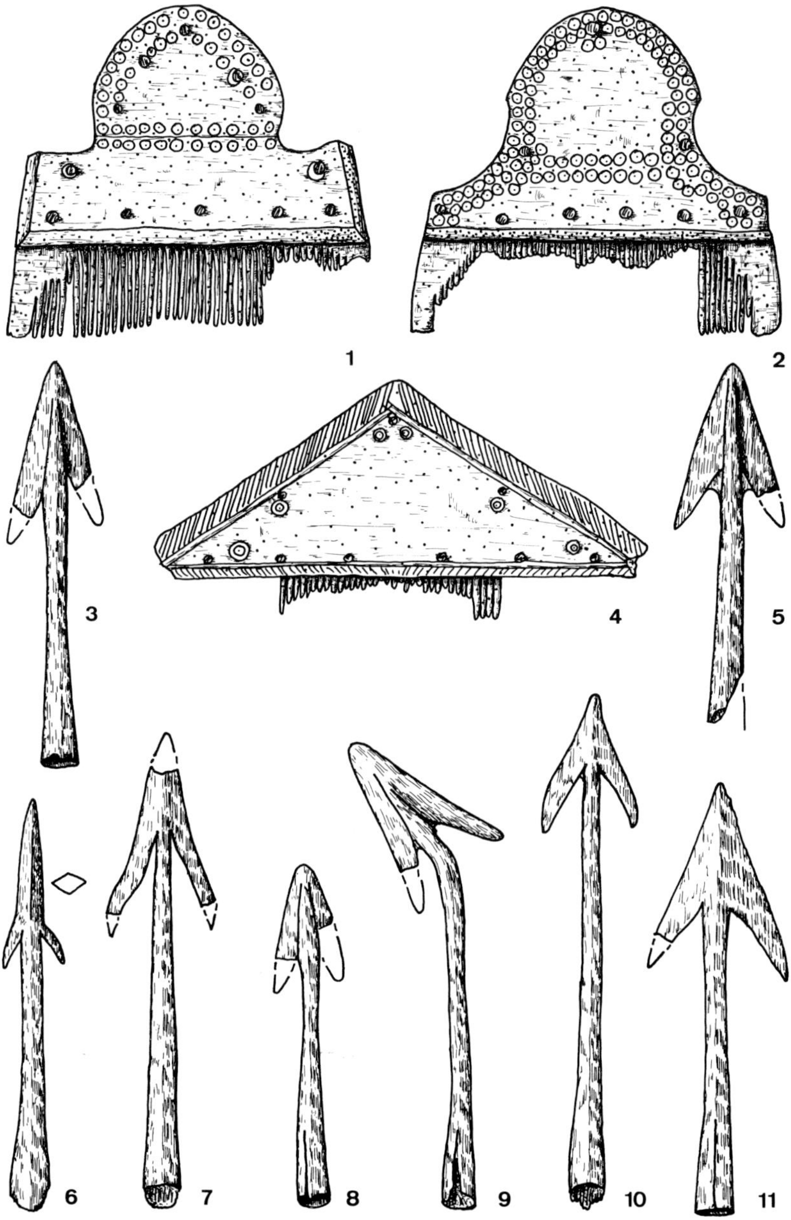

Abb. 71 Beinkämme (1–2, 4) und eiserne Pfeilspitzen (3, 5–11) germanischen Typs von Eining. Maßstab 1:2 (nach LfD. Landshut)

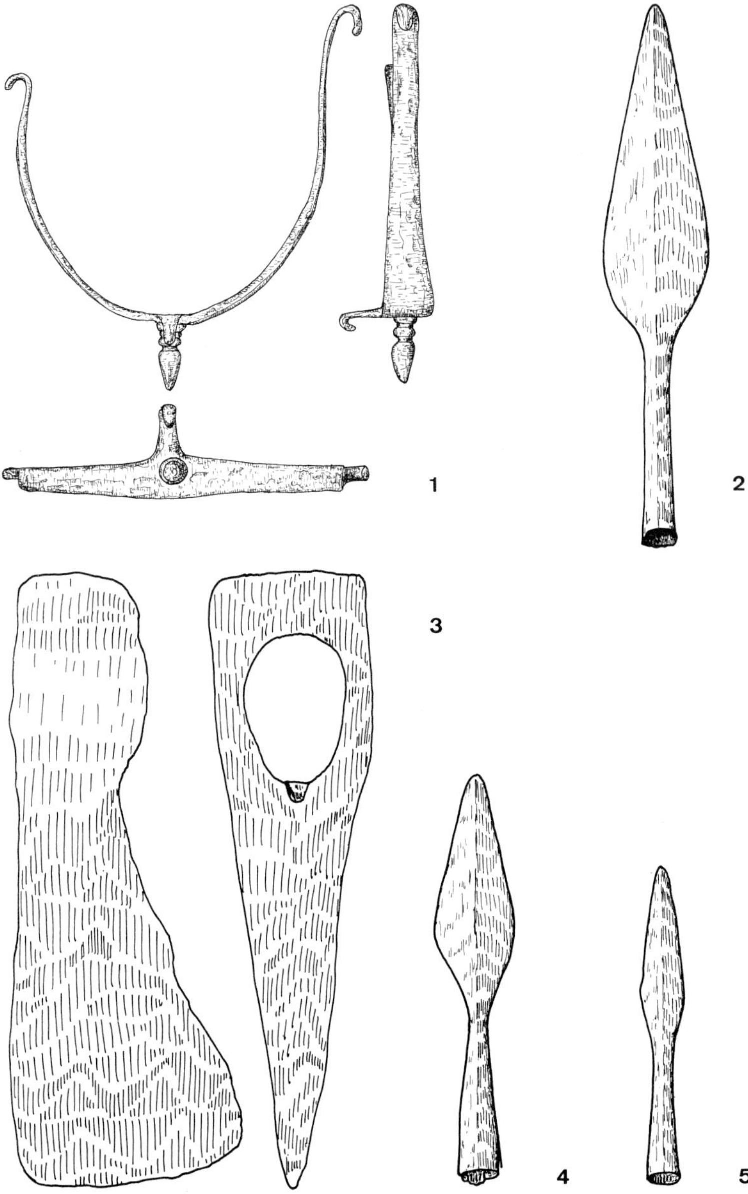

Abb. 72 Sporn (1), Streitaxt (2) und Pfeilspitzen (3–5) germanischen Typs von Eining; alles Eisen. Maßstab 1:2 (Orig. ML.; 1 Zeichnung M. Auer; 2–5 nach OA. LfD. Landshut)

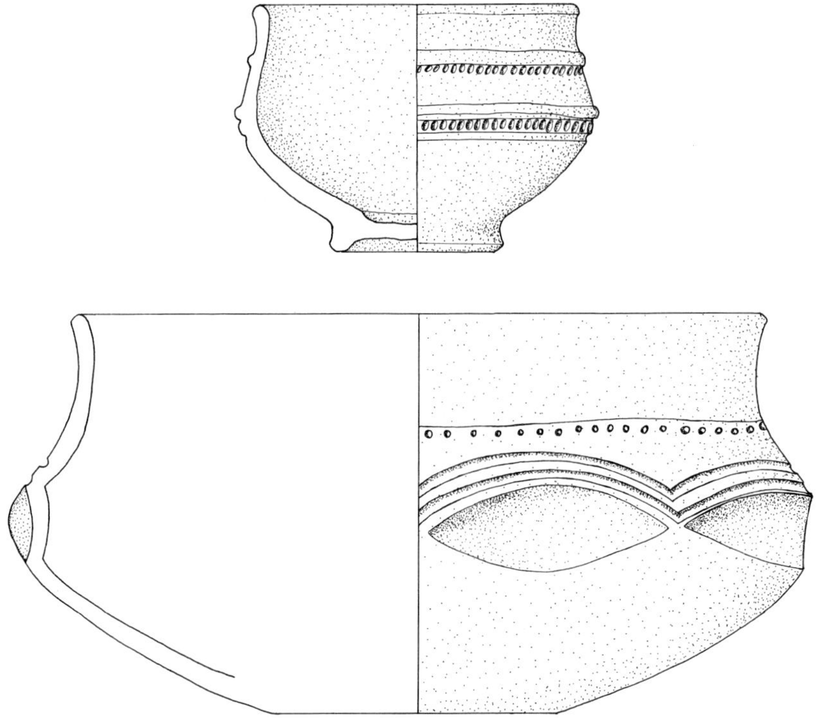

Abb. 73 Tongefäße germanischen Typs von Eining. Das kleine Gefäß oben wurde im Brunnenschacht des spätantiken Kleinkastells gefunden. Maßstab 1:2 (Zeichnung M. Auer)

bündete und Söldner ins römische Heer aufgenommen. Trotz schwerer Bedrängnis durch die Alamannen in der Mitte des 5. Jahrhunderts, denen das römische Eining ja schließlich endgültig zum Opfer gefallen war (s. S. 31), gelang es dieser Gruppe, sich vor allem in Regensburg zu halten. Als dann im frühen 6. Jahrhundert nach dem Ende der ostgotischen Herrschaft in Rätien und unter beginnender fränkischer Einflußnahme sich der Stamm der Bayern aus verschiedenen Gruppen zu formieren begann, hatten diese »Männer aus Böhmen« *(= baiuvarii)* bedeutenden Anteil daran. Nur so ist zu erklären, daß neben ihrem Namen auch ihre Hauptstadt Regensburg, die ja ganz am nördlichen Rand des Stammesgebiets lag, vom neuentstandenen Bayernstamm als Residenz des Herzogs übernommen wurde.

Das frühe Mittelalter – ein Neuanfang

Im 6. oder 7. Jahrhundert siedelten sich im Norden des ausgedehnten Ruinenfeldes, das vom alten Abusina übriggeblieben war, Bajuwaren an, die ihren neuen Ort Oweninga (Eining) nannten (Abb. 74). Direkte archäologische Spuren, die die Gründungszeit festlegen könnten, fehlen bisher. Von allerhöchster Wichtigkeit ist freilich der Beschlag eines Pferdezaumzeugs aus

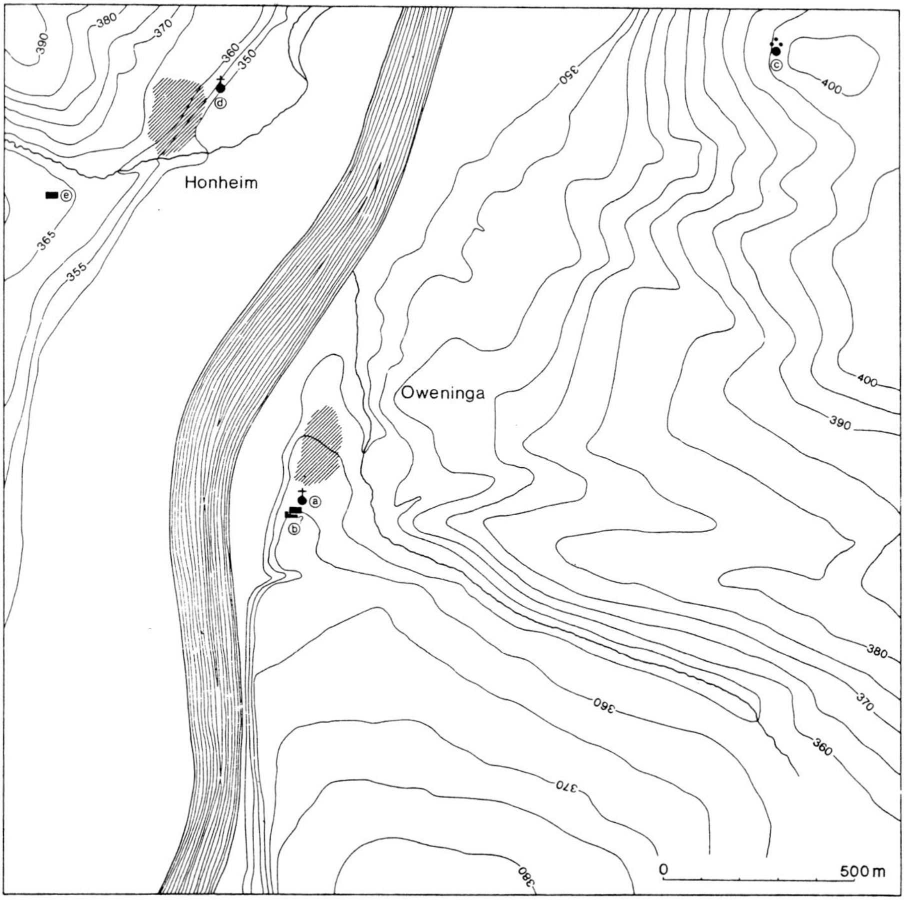

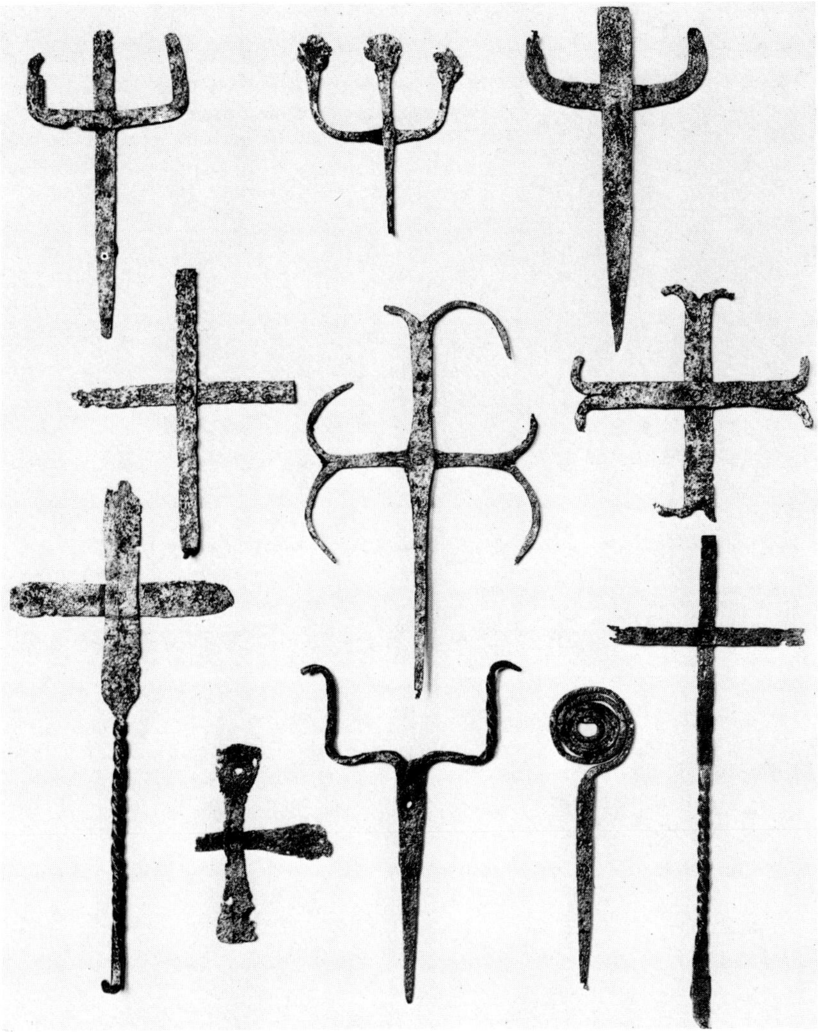

Abb. 75 Christliche Steckkreuze und Steckvotive aus der Kultstätte auf dem Weinberg bei Eining. Eisen, geschmiedet und vernietet. Gefunden anläßlich der Grabungen 1917/18 in den Ruinen des Unterkunftshauses (vgl. Abb. 30). Höhe 12,0–22,6 cm

◁ Abb. 74 Frühmittelalterliche Topographie von Eining (7. Jh.). Die Lage des Ortes Oweninga auf einem kleinen Sporn ist durch Schraffur angegeben, daneben die Kirche (a) und das bajuwarische Gräberfeld (b). In den römischen Ruinen auf dem Weinberg wurde eine christliche Kultstätte (c) eingerichtet (nach R. Christlein)

Abb. 76 Riemenverteiler vom Kopfgestell eines Pferdezaumzeugs. Fundort Eining; Datierung Mitte 7. Jh. Eisen, silberplattiert und messing-silber-tauschiert; Länge 5,1 cm. Vermutlich im Alpenvorland östlich des Lechs, jedenfalls auf bajuwarischem Boden hergestellt. Das Stück kann nur aus dem sonst nicht weiter bezeugten Grab eines vornehmen Reiters stammen und belegt damit einen frühmittelalterlichen Ortsadel in Eining

der Zeit um 650, gibt er doch einen ersten und bislang einzigen Hinweis auf ein frühmittelalterliches Gräberfeld mit überdurchschnittlich reichen Bestattungen, die einen frühen Ortsadel belegen (Abb. 76).

In der näheren Umgebung Einings häufen sich die archäologischen Nachweise einer christlichen Bevölkerung des frühen Mittelalters. Moderne Ausgrabungen in den römischen Thermen von Bad Gögging (Nuber 1980) unter guten Beobachtungsbedingungen sicherten dort einen christlichen Kultbau des 7. Jahrhunderts, in dem eigenartige Metallkreuze, zumeist aus Eisen, als Votivgaben niedergelegt wurden. Damit ist auch die Frühdatierung von völlig identischen Kreuzen aus einem Bau auf dem Weinberg bei Eining (Abb. 74, 75) gesichert, die als Zeugnisse so frühen Christentums lange angezweifelt worden waren. Außerdem fanden sich im frühmittelalterlichen Reihengräberfeld des nördlich benachbarten Dorfes Staubing eine Holzkirche und Gräber mit christlichen Beigaben der Zeit um 600. Zugleich existiert eine legendäre Überlieferung, das Kloster Weltenburg sei schon im frühen 7. Jahrhundert als eines der ältesten Klöster in Bayern gegründet worden. Nimmt man diese Indizien zusammen, so könnte man durchaus erwägen, ob nicht das auffallend häufige Auftreten von Zeugnissen frühen Christentums aus der Zeit vor der allgemeinen Missionierung des Landes mit einer überlebenden romanischen Restbevölkerung teilweise christlichen Glaubens im Raum von Eining zusammenhängt, auch wenn das alte Abusina um die Mitte des 5. Jahrhunderts endgültig verlassen worden war.

Literaturverzeichnis

Abkürzungen

AJB	Das Archäologische Jahr in Bayern
AK	Archäologisches Korrespondenzblatt
B	Das Bayerland
BAS	Beilage zum Amtlichen Schul-Anzeiger für den Regierungsbezirk Niederbayern
BAW	Bayerische Akademie der Wissenschaften
BRGK	Bericht der Römisch-Germanischen Kommission
BV	Bayerische Vorgeschichtsblätter; bis 9, 1930 Der Bayerische Vorgeschichtsfreund
CIL	Corpus Inscriptionum Latinorum
CSIR	Corpus Signorum Imperii Romani
FMRD	Die Fundmünzen der römischen Zeit in Deutschland
G	Germania
IBR	Inscriptiones Baivariae Romanae
JNG	Jahrbuch für Numismatik und Geldgeschichte
KGA	Korrespondenzblatt der Deutschen Gesellschaft für Anthropologie, Ethnologie und Urgeschichte
LH	Landshuter Heimatblätter für Geschichtsforschung und Heimatpflege
KWZ	Korrespondenzblatt der Westdeutschen Zeitschrift für Geschichte und Kunst
LfD	Bayerisches Landesamt für Denkmalpflege
MBV	Münchener Beiträge zur Vor- und Frühgeschichte (= Veröffentlichung der Kommission zur Archäologischen Erforschung des Spätrömischen Raetien der BAW.)
ML	Stadt- und Kreismuseum Landshut
NM	Niederbayerische Monatsschrift
OA	Ortsakten
PSS	Prähistorische Staatssammlung München
RGK	Römisch-Germanisches Korrespondenzblatt
VVN	Verhandlungen des historischen Vereins für Niederbayern

Albrechtskirchinger, Georg: Der Fund von Eining aus frühchristlicher Zeit. Der Zwiebelturm 11, 1956, S. 114

Baatz, Dietwulf: Der römische Limes – Archäologische Ausflüge zwischen Rhein und Donau. Berlin 1974, 1975^2 (bes. S. 273–276: Kastell Eining)

Bernhart, Max: Beiträge zur antiken Numismatik. Blätter für Münzfreunde und Münzforschung 46, 1911 Nr. 7/8, 4775/77 (Eining betreffend)

BV (Fundchronik) 18/19, 1951/1952, S. 281–283; 21, 1956, S. 289; 22, 1957, S. 213; 23, 1958, S. 175; 24, 1959, S. 227; 27, 1962, S. 236; 33, 1968, S. 199; 27, 1972, S. 170 u. 186 (Fundnotizen über Eining)

Christlein, Rainer: Ausgrabungen und Funde in Niederbayern 1976. VVN 102, 1976, S. 5–104 (bes. S. 77–79: Spätantike Gräberfunde und Marsstatue von Eining)

–: ABUSINA-Eining, Lkr. Kelheim – Zur Topographie in römischer und frühmittelalterlicher Zeit. BAS 1976 Nr. 5/6, S. 3–9
–, und Otto Braasch: Das unterirdische Bayern – 7000 Jahre Geschichte und Archäologie im Luftbild. Stuttgart 1982 (bes. S. 59f. u. 188f.: Eining-Unterfeld; S. 190f.: Kastell und Vicus Eining; S. 194f.: römisches Landgut von Holzharlanden)
–, und H. Thomas Fischer: Neues zum Lager Eining-Unterfeld. AK 9, 1979, S. 423–428
CIL III, 2 (Nr. 5935 u. 5936: zwei Inschriftsteine von Eining); XVI (Nr. 85, 94 u. 125: drei Militärdiplome von Eining)
Daffner, Franz: Geschichte und Beschreibung des Römerkastells Abusina bei Eining an der Donau, Niederbayern – Ein Führer durch die Ausgrabungen. Straubing 1930
Dannheimer, Hermann, und Lenz Kriss-Rettenbeck: Die Eininger Eisenkreuze, ihre Deutung und Datierung. BV 29, 1964, S. 192–219 (dort auf S. 197 Anm. 14 weitere Literatur zu den Eisenkreuzen von Eining-Weinberg)
Filtzinger, Philipp, Dieter Planck und Bernhard Cämmerer (Hrsg.): Die Römer in Baden-Württemberg. Stuttgart und Aalen 1976[1–2] (mit zahlreichen Bezügen auf Eining)
Fink, Josef: Römische Inschrift aus Bayern. Blätter für das Gymnasial-Schulwesen 40, 1904, S. 63f. (Eining betreffend)
Fischer, Thomas: Neue Untersuchungen in Kastell und Vicus von Eining/Abusina, Ldkr. Kelheim, Niederbayern. BV 45, 1980, S. 125–153
–: Kastelle und Vicus bei Eining-Abusina, Landkreis Kelheim. Führer zu römischen Militäranlagen in Süddeutschland. Stuttgart 1983, S. 101–107
Franziß, Franz: Bayern zur Römerzeit – Eine historisch-archäologische Forschung. Regensburg etc. 1905 (bes. S. 268–282: Abusina/Eining)
Gamer, Gustav: Fragmente von Bronzestatuen aus den römischen Militärlagern an der Rhein- und Donaugrenze. G 46, 1968, 53–66 (auch Eining erwähnt)
Garbsch, Jochen: Eisenfunde aus Eining. BV 35, 1970, S. 105–112
–: Eine Mars-Statue aus Eining. Antike Welt 9, 1978, H. 1, S. 44–46
–: Römische Paraderüstungen. Mit Beiträgen von Hans-Jörg Kellner, Franz Kiechle und Maria Kohlert. MBV 1978 (auch erschienen als Katalog der Ausstellung Germanisches Nationalmuseum Nürnberg 1978/79 und Prähistorische Staatssammlung München 1979; bes. S. 45–47: Verwahrfund von Eining)
Huber, Heinrich: Eining bei Regensburg, das römische Castellum Abusinum. B 22, 1911, S. 807f.
Jacobs, Josef: Ring mit Inschrift aus Eining a. D. KWZ 24, 1905, S. 129–131
—: Bruchstück eines Militärdiploms aus Eining a. D. KWZ 24, 1905, S. 131f.
Keller, Erwin: Die spätrömischen Grabfunde in Südbayern. MBV München 1971 (bes. S. 179 u. 266f.: spätrömische Grabfunde von Eining)
–: Germanische Truppenstationen an der Nordgrenze des spätrömischen Raetien. AK 7, 1977, S. 63–72 (behandelt auch Eining)
–: Das spätrömische Gräberfeld von Neuburg an der Donau. Materialhefte zur Bayerischen Vorgeschichte A 40. Kallmünz/Opf. 1979 (bes. S. 55–62: historische Bewertung der germanischen Funde auch von Eining)
Kellner, Hans-Jörg: Ein Fund spätrömischer Münzen in Regensburg. G 36, 1958, S. 96–103 (bes. S. 101f.: Münzschatz von Eining)
–: Römischer Schatzfund aus dem Vicus des Kastells Eining. JNG 14, 1964, S. 207–218
–: Das erste römische Brandgrab von Eining. BV 30, 1965, S. 272–277
–: Raetien und die Markomannenkriege. BV 30, 1965, S. 154–175 (bes. S. 161f. u. 174f.: Funde von Eining)
–: Die römischen Münzschätze von Eining, Ldkr. Kelheim. JNG 16, 1966, S. 83–88
–: Neue Militärdiplomfragmente aus Raetien. BV 31, 1966, S. 89–94 (bes. S. 93f.: Diplom aus Eining)
–: Zu den römischen Ringknaufschwertern und Dosenortbändern in Bayern. Jahrbuch des Römisch-Germanischen Zentralmuseums Mainz 13, 1966, S. 190–201 (bes. S. 194 u. 200: einschlägige Funde von Eining)
–: Zu den raetischen Münzschätzen. JNG 18, 1968, S. 127–137 (bes. S. 132–134: Münzfund von Eining)

–: Zwei neue raetische Militärdiplome. BV 33, 1968, S. 92–99 (bes. S. 95–98: Diplom aus Eining)
–: Niederbayern. FMRD Abt. I, Bd. 2. Berlin 1970 (darin unter Nr. 2028–2041 die römischen Fundmünzen von Eining)
–: EXERCITUS RAETICUS – Truppenteile und Standorte im 1.–3. Jahrhundert n. Chr. BV 36, 1971, S. 207–215 (nennt auch die in Eining nachweisbar stationierten Truppeneinheiten)
–: Wieder neue Militärdiplome aus Raetien. BV 38, 1973, S. 124–131 (bes. S. 127–129: Diplom von Eining)
–: Die Römer in Bayern. München 1971, 1972², 1976³, 1978⁴ (bes. S. 64f.: Kastell Eining)
–: Ein neuer Verwahrfund von Eining. BAS 1976 Nr. 5/6, S. 10–16
–: Der Römische Verwahrfund von Eining. MBV München 1978
–: Auch 1982 wieder römische Militärdiplome. AJB 1982, 1983, S. 105–108 (bes. S. 105: Diplom von Eining)
–: Raetische Militärdiplome. BV 48, 1983, S. 165–172 (bes. S. 171f.: Diplom von Eining)
Köstler, Karl: Die Römer in Rätien: Abusina. B. 5, 1894, S. 316–319, 327–330, 339–342, 351f.
Krämer, Werner: Ein endlatènezeitlicher Stabgürtelhaken aus Eining in Niederbayern. BV 33, 1968, S. 81–91
Nuber, Hans Ulrich: Zwei römische Schnellwaagen aus Eining, Ldkr. Kelheim und Arxtham, Gem. Höslwang, Ldkr. Rosenheim. BV 32, 1967, S. 29–39
–: Ausgrabungen in Bad Gögging, Stadt Neustadt an der Donau, Landkreis Kelheim – Römisches Staatsheilbad und frühmittelalterliche Kirchen. Landshut 1980
Ohlenschlager, Friedrich: Eine wiedergefundene Römerstätte. Das Ausland 56, 1883 Nr. 19 (erste begründete Identifizierung von Eining mit Abusina)
Popp, Karl: Die neuesten Ausgrabungen bei Eining und Böhming. Monatsschrift des Historischen Vereins von Oberbayern 7, 1898, S. 145–148
–: Das Römerkastell in Eining. Beiträge zur Anthropologie und Urgeschichte Bayerns 14, 1902, S. 101–112, 135–137
–: Stand der Ausgrabungen im Castell Eining Ende des Jahres 1900. VVN 38, 1902, S. 177–196
–: Neuer Führer durch die Ausgrabungen bei Eining. Landshut 1903
Radnóti, Aladár: Neue rätische Militärdiplome aus Straubing und Eining. G 39, 1961, S. 93–117
–: Eining. Handbuch der historischen Stätten Deutschlands 7. Bayern. Stuttgart 1965², S. 166f.
–: Ein neues Militärdiplomfragment aus Eining. G 46, 1968, S. 118–123
Reinecke, Paul: Neue Grabungen im Kastell Eining. RGK 7, 1914, S. 17–21
–: Der Eininger Kaiseraltar vom Jahre 211 im Nationalmuseum zu München. NM 4, 1915, S. 125–128
–: Neue Ausgrabungen in Eining. NM 5, 1916, S. 49–52
–: Eining (Niederbayern) – Ausgrabungen. RGK 9, 1916, S. 12–14
–: Ein Limesposten der mittleren Kaiserzeit am rechten Donauufer unterhalb Eining. KGA 49, 1918, S. 49f.
–: Grabungen in Abusina–Eining a. d. Donau. KGA 51, 1920, S. 29
–: Wanderungen im Donaugebiet zwischen Neustadt und Kelheim (Niederbayern). BV 3, 1923, S. 42–48 (bes. S. 43f.: Kastell Eining und Weinberg)
–: Die örtliche Bestimmung der antiken geographischen Namen für das rechtsrheinische Bayern 1. Teil. BV 4, 1924, S. 17–48 (bes. S. 20: Abusina-Eining)
–: Kastell Eining. 1948 (ungedr. Manuskript bei den OA des LfD Landshut; 271 S.)
–: Archäologische Wanderfahrt von Regensburg die Donau aufwärts bis Neustadt a. d. D. und zurück. München o. J. (1949; bes. S. 4–6: Auxiliarkastell und spätrömisches Kastell Abusina)
–: Das römische Grenzkastell Abusina bei Eining – Donau. VVN 83, 1957, S. 7–10 (auch als Faltblatt erschienen)
–: Römische und frühmittelalterliche Denkmäler vom Weinberg bei Eining a. d. Donau.

Kleine Schriften zur vor- und frühgeschichtlichen Topographie Bayerns. Kallmünz/Opf. 1962, S. 106–123 (= Festschrift zur Feier des fünfundsiebzigjährigen Bestehens des Römisch-Germanischen Central-Museums zu Mainz. Mainz 1927, S. 157–170)
Rössler, G. von: Das Römerbad von Eining an der Donau. Westdeutsche Zeitschrift für Geschichte und Kunst 13, 1894, S. 121–134
Roxan, Margaret M.: Roman Military Diplomas 1954–1977. Institute of Archaeology Occ. Publ. No. 2. London 1978 (vier Diplome von Eining: Nr. 36, 42, 51 u. 68)
Scheckenhofer, J.: Das römische Lagerdorf zu Eining. Altbayerische Heimat 2, 1949, Nr. 15
Schillinger-Häfele, Ute: Vierter Nachtrag zu CIL XIII und zweiter Nachtrag zu Fr. Vollmer, Inscriptiones Baivariae Romanae. BRGK. 58, 1977, S. 447–603 (bes. S. 580–583: vier Militärdiplome von Eining)
Schleiermacher, Wilhelm: Ein Bronzeschaft mit Götterbildern. Bonner Jahrbücher 158, 1958, S. 262–267 (wichtiger Fund von Eining)
Schmid, Wolfgang Maria: Das römische Kastell Abusina bei Eining an der Donau. München 1910[1–2]
–: Das römische Kastell Abusina bei Eining a. D. NM 1, 1912, S. 2–5
Schmidt, Eva Maria: Gemmen und Glaspasten in der Prähistorischen Staatssammlung, München. BV 36, 1971, S. 216–244 (bes. S. 218–225: Besprechung von 13 Gemmen aus Eining)
Schönberger, Hans: Das Römerlager im Unterfeld bei Eining – Bericht über die Grabung im Jahre 1968. G 48, 1970, S. 66–84
–: Das römische Lager im Unterfeld bei Eining, Landkreis Kelheim. BAS 1975 H. 5, S. 24–28
–: The Roman fortress at Eining-Unterfeld: A Reconsideration. Rome and her northern Provinces (Ed. B. Hartley u. J. Wacher) = Sh. Frere-Festschrift. Oxford 1983, S. 235–239
Schreiner, Wolfgang: Eining und die dortigen Römerausgrabungen in den Jahren 1879–1881. VVN 22, 1882, S. 217–243
–: Bericht über die Römer-Ausgrabungen bei Eining pro 1883. VVN 23, 1884, S. 2–10
–: Das Militärdiplom von Eining. Sitzungs-Berichte der K. BAW Phil.-hist. Klasse 1890 II, S. 329–353
–: Eining und die dortigen Römer-Ausgrabungen – Ein kleiner Wegweiser durch dieselben. Landshut 1887, 1896[2] (= VVN 24, 1887, S. 303–324 u. 32, 1896, S. 99–158)
–: Blick in die Geschichte des römischen Reiches und der germanischen Volksstämme zur Feststellung der Geschichte Eining's von Trajan bis Diocletian. VVN 32, 1896, S. 1–98
Spindler, Konrad: Grabungen im Kastellvicus von Eining, Stadt Neustadt a. d. Donau, Landkreis Kelheim, Niederbayern. AJB 1982, 1983, S. 111–113
–: Anthropomorphe Terrakotten aus den römischen Lagerdörfern von Eining und Straubing, Niederbayern. AJB 1982, 1983, S. 113–115
–: Erster Hinweis auf das frühmittelalterliche Gräberfeld von Eining, Stadt Neustadt a. d. Donau, Landkreis Kelheim, Niederbayern. AJB 1983, 1984
Spitzlberger, Georg: Reibschalen oder Milchschüsseln? Neue Römerfunde aus Eining erinnern an ein altes Problem der Forschung. LH 1958 Nr. 5
–: Eine Privatziegelei im östlichen Raetien. BV 27, 1962, S. 107–115 (behandelt auch Ziegelstempel von Eining)
–: Ein römischer Horngerätefund aus Eining. Beiträge zur Oberpfalzforschung 2, 1966, S. 59f.
–: Zum Lager der III. Italischen Legion in Eining-Unterfeld. BV 31, 1966, S. 94–107
–: Die römischen Ziegelstempel im nördlichen Teil der Provinz Raetien. Saalburg Jahrbuch 25, 1968, S. 65–184 (bes. S. 180: Funde gestempelter Ziegel von Eining)
–: Neue Römerfunde aus Eining. LH 1969 Nr. 6
–: Die Römer in Niederbayern. Beiträge zur Heimatkunde von Niederbayern 2. Landshut 1970, S. 35–93 (bes. S. 77–79: Zusammenstellung römischer Inschriften aus Eining)
Stroh, Armin: Wiederaufbau im Römerlager Eining. Alt-Bayerische Heimat 6, 1953 Nr. 12
–: Das Römerkastell Abusina wiederhergestellt. Unser Bayern 3, 1954, S. 14

Ulbert, Günter, und Thomas Fischer: Der Limes in Bayern. Von Dinkelsbühl bis Eining. Stuttgart 1983 (bes. S. 106–110: Kastell Eining)
Vollmer, Fridericus: Inscriptiones Baivariae Romanae (= IBR). Monaci (= München) 1915 (Nr. 331–351 u. 512–514: Inschriften aus Eining)
Wagner, Friedrich: Zwei neue römische Inschriften aus Bayern. G 1, 1917, S. 88–91 (bes. S. 90f.: Grabinschrift aus Eining)
–: Die Römer in Bayern. München 1924[1-3], 1928[4] (bes. S. 34–37: Kastell Eining)
–: Neue Inschriften aus Raetien. BRGK 37–38, 1956/57, S. 215–264 (bes. S. 239–241: zehn Inschriftenfunde von Eining)
–: Bibliographie der bayerischen Vor- und Frühgeschichte 1884–1959. Bibliographien hg. von der Kommission für Bayerische Landesgeschichte bei der BAW Bd. 4. Wiesbaden 1964 (Nachweise für Eining auf S. 278)
–, Gustav Gamer und Alfred Rüsch: Raetia (Bayern südlich des Limes) und Noricum (Chiemseegebiet). CSIR Deutschland, Bd. I, 1. Bonn 1973 (darin die Funde römischer Skulpturen von Eining unter Nr. 475–483)
Werner, Joachim: Ein Bronzeeimer mit gewellten Kanneluren von Eining. G 23, 1939, S. 192–194

Bildnachweis

Fotos:

Prähistorische Staatssammlung, München: 6, 32, 33, 37, 40, 43–50, 52, 53, 55–66, 70, 75, 76
Foto Reichold, Erlangen: 67, 68
Konrad Spindler: 18, 23–26, 36, 54

Luftbilder:

Otto Braasch (freigegeben durch die Regierung von Oberbayern Nr. GS 300/9119–82): 15, 22, 28

Zeichnungen und Pläne:

Bayerisches Landesamt für Denkmalpflege, Landshut: 16, 17, 19, 72
B. Pfeifroth: 38

Günter Ulbert/Thomas Fischer

Der Limes in Bayern

Von Dinkelsbühl bis Eining

120 Seiten mit 93 Abbildungen, zum Teil in Farbe.
Mit herausnehmbarer vierfarbiger Wanderkarte. Pappband.

Neben einer detaillierten Einführung in die Geschichte, Forschungsgeschichte und militärisch-strategische Funktion des Limes enthält der Band einen die gesamte Strecke umfassenden Führungsteil auf dem neuesten wissenschaftlichen und topographischen Stand, der nicht zuletzt auch durch die neuesten Erkenntnisse der Luftbildarchäologie abgesichert ist. Die Beschreibungen der Limes-Teilstrecken 13 bis 15 von der württembergisch-bayerischen Grenze bis Gunzenhausen, von dort bis Kipfenberg und schließlich nach Eining werden durch zahlreiche, teils farbige Fotos, Zeichnungen und Textabbildungen illustriert und erläutert. Kernstück des topographischen Teils ist eine beidseitig bedruckte herausnehmbare Karte des gesamten Limesgebiets mit allen Kastellen und Wachtürmen im Maßstab 1:50000.

»Der Limes in Bayern« ist ein Buch für jeden, der sich über den Limes verläßlich informieren möchte, besonders aber für alle, die dieses bedeutendste Denkmal der Römerzeit auf bayerischem Boden ganz oder teilweise erwandern wollen.

Nach dem 1980 erschienenen Führer »Der Limes in Südwestdeutschland« von Willi Beck und Dieter Planck, der in der Fachwelt wie in der historisch-archäologisch interessierten Öffentlichkeit großen Beifall fand, wird mit dem »Limes in Bayern« die Fortsetzung des rätischen Limes auf bayerischem Gebiet präsentiert. In gleicher Aufmachung ist inzwischen auch »Der Odenwaldlimes« erschienen, der die römische Grenze zwischen Main und Neckar beschreibt.

Konrad Theiss Verlag Stuttgart

Führer zu archäologischen Denkmälern in Bayern

Franken 1:
Biriciana – Weißenburg zur Römerzeit

120 Seiten mit 105, teils farbigen Abbildungen, kartoniert.

Weißenburg, das römische Biriciana, ist in den letzten Jahren zu einem Schwerpunkt provinzialrömischer Forschung in Bayern geworden. Das Alenkastell Biriciana, ältester und bedeutendster Truppenstandort am dortigen Limesabschnitt, war militärischer und ziviler Mittelpunkt der Region. Diese Funktion spiegelt sich nicht nur in der ungewöhnlich großen Ausdehnung der neben dem Kastell entstandenen Zivilsiedlung, sondern auch in den 1977 entdeckten öffentlichen Thermen, die vom Wohlstand der Siedlung ebenso zeugen wie der 1979 unweit der Thermen zutage gekommene Schatzfund von 156 qualitätvollen Metallgegenständen.

Schwaben 1:
Archäologische Wanderungen um Augsburg

136 Seiten mit zahlreichen Abbildungen, kartoniert.

Neben der Erd- und Landschaftsgeschichte befaßt sich der Führer in erster Linie mit den keltischen und römischen Besiedlungsspuren dieser fundreichen Gegend in Schwaben. Fünf Exkursionen führen zu den Grabhügeln und Schutzwällen der Bronze- und Eisenzeit, den Viereckschanzen der späten Keltenzeit, Fundstätten und Straßendämmen der Römerzeit, Befestigungswällen und Burganlagen des Mittelalters und zu Stätten frühgeschichtlicher Eisengewinnung.

Die römische Epoche der heutigen Bezirkshauptstadt Augsburg, der einstigen Augusta Vindelicum, wird in knapper Form dargestellt. Zahlreiche Fotos und Karten veranschaulichen die wichtigsten Denkmäler, genaue Wegbeschreibungen erleichtern den Zugang im Gelände. Darüber hinaus enthält dieser Führer geologische, kunsttopographische und geschichtliche Hinweise.

Konrad Theiss Verlag Stuttgart